母性の喪失と再生

事例にみる「母」としての愛と葛藤

東山弘子
Higashiyama Hiroko

創元社

序

文化庁長官　河合隼雄

本書は、東山弘子さんが大学卒業後、大学院で専門的な訓練を受けつつ研究を行い、大学の教官となり、また臨床心理士として多くの悩む人々と苦難を共にする仕事を続けながら、家庭において妻として母として生きてきて、その間一貫して考え続けてきた「母」、「母性」についての自分の考えをまとめたものである。東山弘子さんのこれまでの仕事――のみならずその人生経験も――の集大成とでも言うべきもので、深い興味と関心を持って読み、また学ぶところも多い書物であると感じた次第である。

私は東山弘子さんが学生時代の一九六〇年代に京都大学教育学部で非常勤講師として教えていたが、そのころはわが国の臨床心理学の黎明期であり、非常勤講師で週に一度だけ教室で教えるなどというより、学生も教官も、臨床心理学の発展に共に努力しようという雰囲気が強く、その後、今日に至るまで、むしろ仲間として共に歩み続けてきたと言っていいだろう。

それらの仲間のなかで、女性の人たちにとって大きい問題であったのが、本書に取りあげられている「母性」ということであった。

本書にも論じられているように、「母」を生きることに重心がかかりすぎると、自分の「個」が生きられていないと感じる。と言って、個人としての女性を生きようとすると、母性はまったくしがらみに感じられる。それでも、思い切って「個」を生きようとすると、その「個」のなかに実は「母性」も存在しているのではないかと感じはじめる。というわけで、これは簡単に割り切って考えられない大変な問題なのである。

臨床心理士の仕事をしている限り、このような悩みを抱いた女性の方々にもお会いしなくてはならない。そのときに、「母性は本能ですから」とか、「母性とは学習によって獲得したり、させられたりする」とか、単純な原理によって、「こうすべきである」などと簡単に言えるものではない。それぞれの個人によって、条件があまりにも異なっているのだ。つまり、一人ひとりの個性やそれを取り巻く環境に従って、個別的に実際に生きる道を選ばねばならないのである。ほんとうにきめの細かい配慮を必要とするのだ。

個人によって異なるからと言って、何も考えずにいられるわけはないし、実際的対応をしつつ、そもそも「母性とは何か」とか、「女性の生き方」とかを考えざるを得ないし、それに加えて「日本人」であることも考慮しなくてはならない。これは、言うならば前人未踏の領域なのである。

正直なところ、臨床心理士の仕事は実にエネルギーの必要な仕事で、「研究」などはしておれないと感じるときさえある。時に臨床心理学についての論文や書物はよく書くが、実際の臨床はあまりしていないなどという皮肉な事実が生じるのもこのためである。

その後、私は京都大学教育学部の教官となり、多くの臨床心理士が育ってゆく場に立ち合うことができた。多くの女性が前述の問題と取り組み、そこから多くの論文や書物が生み出された。これは実に大きい成果であった、と私は自負している。

東山弘子さんはそれらの女性臨床心理士の先達であり、それだけに日々の臨床のみならず、後輩の指導や学会の仕事など多くの仕事に追われ、これまでに論文はいろいろとあるが、書物にまとめるのは難しいのではないか、と思っていた。それが、今ここにこれまでの研究の集大成とも言うべき書物を出版されることになり、それまでの御努力に敬意を払うと共に、私も大変嬉しく思っている。

本書は大別して二部に分かれている。最初は理論篇とも言うべきで、「母性」についてのこれまでの先行理論や、現代社会の現状などを紹介しつつ、「母性」について論じられている。本文に論じられているように、「母性」は肯定、否定の両面を持っており、それはそのときの時代精神と関連して、どちらかが強調されるような傾向がある。しかし、ほんとうのところはその両面を意識して生きることが大切なのである。このように矛盾をはらむものを理論化するのは困難であることも作用して、これまで人間のライフサイクルを論じるときは、男性のためのものが多く、女性のライフサイクルについて決定的な論はまだ出ていないと言ってもいいのではなかろうか。

著者が本書に示唆している、女性の人生の循環性に注目した考えは、実に注目すべきものである。

この点についての今後の研究の成果が期待される。

臨床心理においては何と言っても臨床の実際が大切である。後半に示されている事例研究からも学ぶところは多い。

臨床心理学の専門家のみでなく、「母性」や「女性の生き方」に関心を持つ一般の人々にも広く推薦したい書物である。

目次

序　文化庁長官　河合隼雄　i
はじめに　3

第I部　母性とは何か　7

一、序　8
二、臨床心理学における母性に対する基本的考え方　12
三、二種類の母性　18
1　本能的母性　18

2　学習的母性　21
四、母性の二重性　25
1　母性的行動における心の一致と乖離　25
2　母親の子ども虐待の心理――鬼子母と鬼子母神　28
3　「育てる」と「飲み込む」　30
五、子どもと環境　33
1　子どもをめぐる諸関係　33
2　子どもにとっての両親のおとこ性とおんな性　53
3　わが国における母性軸・女性性軸の変化と子どもへの影響　57
4　日本文化に横たわる母性のあり方　63
第Ⅱ部　現代日本女性の葛藤と個性化――事例研究を中心にして　67
一、母性イメージの歴史的展望と現代的諸問題　68

1 歴史的観点から見た母性 68
2 現代的諸問題 73
3 女性のライフサイクルと母性の発達 78
4 母娘関係の特質 85

二、事例研究——現代日本女性の葛藤と個性化 91

事例一 92
家庭内暴力の娘との一体化と愛の交流体験が、母親自身の思春期課題の克服と母性の開発、個としての成熟をもたらした事例
事例二 112
思春期の息子の反抗によって気づかされた母性過剰と思秋期の事例——子どもとの間に境界を作れない母性
事例三 133
農村文化と都会文化のはざまで揺らぐ母性の再生による家族の再生の事例
事例四 156
「イエ」文化の変化についていけなかった母性の喪失と再生の事例
事例五 177
知的障害と強い自己愛的娘をもったために母性を喪失した母親の母性の再生の事例

事例六　196
女性性を優先させたキャリアウーマンの母親と対人関係障害の娘の事例
事例七　213
地域性とイエと旧守的夫に縛られたため母性を発揮できずに、二人の子どもに先立たれた母親の事例——誰が犠牲になるか
あとがき　228
文献　230

母性の喪失と再生

——事例にみる「母」としての愛と葛藤

はじめに

1　問題提起と本論文の目的

敗戦の焼け野原から立ち上がったわが国は、戦後一貫して経済的発展と国際社会へ仲間入りする努力を続けてきた。一九六〇年代からの経済発展は、世界から奇跡の復興と言われ、発展途上国のモデルにされ、"Japan as number one"と言われるまでになっていった。一九九〇年のバブル崩壊は、顕在的には経済的崩壊ではあるが、この下地として教育の崩壊と人間性の破壊があった。教育の崩壊と人間性の破壊は、バブル崩壊より一〇年早くその兆候を見せていた。財団法人日本臨床心理士資格認定協会と臨床心理士の誕生が、バブル崩壊と同時期であることは、あらゆる活動の基盤である教育と人間性が、変化してきたことの左証であろう。不登校の激増、学級・学校崩壊、家庭崩壊と家庭内暴力、児童虐待と子育て放棄、少女売春、衝動的犯罪と殺人の増加、シンナーや薬物の蔓延等々、教育と人間性の崩壊は、経済的破綻と同等あるいはそれ以上の重要な問題をわれわれに提起している。

筆者は、セラピスト、臨床心理士、スクールカウンセラーとして四〇年、おもに子どもとその母親や家族に会ってきた。筆者が女性であり、母親であり、職業人であったこともあってか、クライエントの多くが母親や女性であった。また、筆者が戦中生まれであり、明治生まれの父と大正生まれの母に育てられたこと、結婚して住んだところが都会の中の農村地域であり、伝統社会のよさもあったがしがらみのほうが目立った時代だったこともあって、女性の問題、母性の問題、その底流をなす家族と地域社会の問題とその時代変化に、敏感にならざるを得なかった。

一〇年前に『母をなくした日本人』（春秋社）を上梓し、その中で戦後一貫して母性イメージの混乱と女性アイデンティティの拡散が見られることを述べた。

本論文では、母性について心理臨床学的観点に立って、日本文化と時代の流れを視野に入れて「母性の喪失と再生」を論じることを目的とする。

2　本論文の構成

本論文は二部から構成されている。第Ⅰ部では「母性とは何か」について、臨床心理学的考え方、二種類の母性、母性の二重性、子どもを視座の中心に据えたもろもろの人間関係と社会が論じられる。

第Ⅱ部は、「現代日本女性の母性の喪失と再生」を、女性性の葛藤と個性化の観点から、まず、母親イメージの歴史的展望と現代的諸問題を基底にして、それらの問題と葛藤の検証と解決への一里塚を目指して、七つの事例が検討される。

事例一は、家庭内暴力の娘との一体化と愛の交流体験が、母親自身の思春期課題の克服と母性の開発、個としての成熟をもたらした事例である。

事例二は、思春期の息子の反抗によって気づかされた母親の母性過剰と思秋期の事例——子どもとの間に境界を作れない母性——である。

事例三は、農村文化と都会文化のはざまで揺らぐ母性の再生による家族の再生の事例である。

事例四は、「イエ」文化の変化についていけなかった母性の喪失と再生の事例である。

事例五は、知的障害と強い自己愛的娘をもったために母性を喪失した母親の母性再生の事例である。

事例六は、女性性を優先させたキャリアウーマンの母親と対人関係障害の娘の事例である。

事例七は、地域性とイエと旧守的夫に縛られたため母性を発揮できず、二人の子どもに先立たれた母親の事例である。

第I部　母性とは何か

一、序

本能とは、生まれつきもっている性能であり、遺伝子レベルで規定されている性能である。母性は本能かどうかという議論がある。現在の通説では、母性的行動は、本能より学習のほうが大きいと言われている。考えてみればこれはある意味で当たり前のことである。それは、人間は大脳を異常なほどに発達させて、生物界の戦いを勝ち抜いてきたわけであり、科学の進歩にしろ、文化の発達にしろ、遺伝子レベルの生活様式を克服してきたからである。人間の文化は、本能の部分をいかにコントロールするかが大切であり、本能のままに生活すれば、それは野蛮な動物的行動として、排斥されたり、罰が与えられるのである。

フロイト（Freud, S.）が、神経症のメカニズムを明らかにしたのは、まさにこの部分であり、「抑圧と自我論は本能と超自我の相剋をいかに自我に統合するか」である。それが失敗すると、神経症になるか、犯罪を犯すかになるのである。母性もこの例外ではない。下等哺乳動物の母性的行動が人間に当てはまらないからといって、即、人間に母性本能がないとは言えないのである。むしろ、他の本能と同じく、母性本能を自我に統合してこそ、人間社会では生かされるのである。人間の母親が母性的行動を放棄したからといって、それは自我に統合できなかったからである、という理屈も成り立つのである。また、母性的行動も他の行動、たとえば求愛行動と同じく、他の動物のように本能に規定されるよりも、文化的要因により大きく影響を受けている。だからといって、求愛行動の基盤に、本能の基盤がないとは言えないのである。母性本能の議論もこれと同じように考えられないだろうか。

しかし、この議論の重要な欠陥は、母性行動が本能か否かを、親の側からしか見ていない点である。人間の赤ん坊は、一年未熟児で生まれてきたと言われるほど、誕生後一年間は何もできない。もちろん人間の赤ん坊には生存の本能がある。乳児に備わっている、多くの反射行動は遺伝子レベルの行動であり、定義からすると、本能と言われるものである。これらの本能的行動は母親のそれと対を形成している。そうでないと、本能的行動が役に立たないからである。この意味で、母子関係の基盤は両者の本能に基盤を置いていると言えるのである。

では、どうして母性本能を否定する議論が起こってきたのであろうか。これらの議論の発信者はほとんど女性である。それは、社会が文明化され、ある程度大きな集団を形成して生活するようになって以来、社会は父権社会となり、社会的に女性が長い間抑圧されてきた歴史と関係する。近代になって、女性の社会進出が進み、男性競争社会で暮らす能力のある女性たちは、男性中心の社会、父権社会、それに合うような女性抑圧文化に対する反発を始めたのである。『母性という神話』を書き、母性本能を既成事実とした男性社会（父権社会）に対して反論を加えたバダンテール（Badinter, E.）でさえ、母親と女性という言葉を、微妙に使い分けている。このことは、父性と男性性の軸はかなりの重なりをもつのに対して、女性性と母性は重なる軸と拮抗する軸が複線化しているからである。

このように、母性という場合、本能を抑圧してきた人間の母性の観点、子どもからの視点、女性性からの視点が必要となる。そうでないと、この種の多くの書物に見られるように、論点を混同してしまいがちになる。

人間の母性には、本能的母性と学習的母性がある。また、遺伝子レベルに備わっている行動（本能）は、どれをとっても、発現期と臨界期があるので、その時期における母子関係や夫婦関係、社会関係などの影響も重要になる。「生存本能は母性本能に優先する」[74]（60頁）ので、「一七世紀の職人の妻たちは、多くの子どもを里子に出したが、他に方法がなかったのだ。夫の仕事を手伝っていたので、子どもを育てることはきわめて困難だった」[74]（58頁）。「彼女たちに母性愛が見られないのは、彼女たちが、物質的な状況と社会の姿勢に束縛されていたからである。子どもの幸福よりも、農場を運営する必要性とか、夫の仕事を手伝う必要性などを、優先させようとする性質によるのである」[74]（61頁）。バダンテールが言うこのような状況は今も存在する。

母性の論議が輻輳するのは、母性を考える学問領域によって、視座に差があるからである。心理学においても、臨床心理学と発達心理学、実験心理学とでは、観察対象や方法、何よりも視座が異なる。学問領域が異なればより大きな差異が出てくる。たとえば、社会学、経済学、政治学、哲学などは、それぞれの視座から人間を捉えており、性差が検討されている。フェミニズムの論点は、おもに女性学・政治学・経済学・社会学からの視点に重点が置かれている。子育て論や母性重視は、臨床心理学や社会福祉学からの視点である。これらの視座の差異を混同して議論がなされ、伝えられているところに、今の日本でのこれらに関する問題解決の難しさの一因があるのである。もろもろのずれの元を考えて議論する必要がこの分野にはあると思われる。

本研究は当然のこととして、心理臨床学の立場から論じられている。それは事例を中心とし、心理臨床の体験を踏まえて母性の問題が検討、考察されるからである。

二、臨床心理学における母性に対する基本的考え方

生物の一生にとって、立派な子孫を残すこと、そのために子育てをうまく行うこと以上に大切な課題はない。人類にとっても、次の世代の子どもを愛し育てることより重要な仕事は少ない。それは、ミッチェル（Mitchell, G.）が言うように「人間も、少なくとも自己意識と言語と文化依存が発達するまでは、他の動物とほとんど同じしかたで進化してきた」[103]（14頁）からである。このことは、「大型類人猿の場合と同様、人間でも異常な育て方は、自我の発達に影響を及ぼす。人間になるためには、他の人々との初期の社会的接触が必要である。厳しい社会的隔離を受けたり、施設に入れられる子どもは、社会的に隔離された類人猿やその他の猿に見られるような自虐行動が見られる」[103]（264頁）。子育ては、両親の不断の努力が必要になる営みである。

むろん、現在の人間は意識の発達した生物であるため、子育て以上に人生に意義のあることを見つけ、それを生きがいにしている人は多い。しかし、それは人間の人生の一部である。なぜなら、

大多数の人間が、子孫を残すという生物の課題を放棄すれば、それは人間の存在を放棄することにつながるからである。現実にはそのようにはならないが、「親の役割の中では、子どもは最大の喜びであると同時に最大の悩みである」[103](115頁)というのは、有史前から今日に至るまで変わらぬ人間の思いであろう。

子育ての基本は、人間が哺乳動物であるので、母性が第一義の意味をもつ。母性は長い間、他の動物のそれとの比較で、本能と思われてきた。しかし最近は、それは本能ではなく、後天的に獲得された部分が大きいと言われている。このことは後で検討するが、母性が遺伝的要素を基盤としていることも否定できない。

母性は女性に備わっている、と一般的には信じられている。人間でも、遺伝が個体差の決定に大きな役割を果たすことは疑いない。男性と女性の間には、実際の差が存在する。たとえば、ミッチエルの研究から引用すると、人間の女性は、非言語的コミュニケーションでは男性より達者である。「女性は、社会的関係や社会的刺激や社会的緊張を減らすことに、男性より強い関心をもつように思われる」[103](174頁)。また、「男性は攻撃を自分のほうから仕掛ける点では、女性より攻撃性が高い。しかし、相手から挑発されれば、女性も男性に劣らず攻撃的になりうる」[103](198頁)のである。子どものアカゲザルは、「特に雌の場合は、幼児に非常に強くひきつけられ、『お母さんごっこ』と呼ばれてきた遊びをする」[103](103頁)。「ヒヒの場合は種によって幼児の世話をすることが異なる。雌が幼児の世話の大部分をするが、雄はふつう幼児に対して大変寛容で、保護的で遊び相手になってやる」[103](104頁)。「小型類人猿では、母親が次の赤ん坊の世話に忙しくなった時に、雄が二年目の子の世話をする。

赤ん坊は母親と一緒に眠り、上の子は父親と眠る」[103](103頁)。「チンパンジーの雌は、雄の子守り能力によって配偶相手の雄を選ぶからである」[103](106頁)。「人間の場合、男性は幼児の身近にいることができる場合でさえ、幼児と一緒にいることが女性より少ない」[103](110頁)。「女性は赤ん坊を抱くような世話役を多くやり、男性は一緒に遊ぶことを多くやる」[103](110頁)。「成人女性は赤ん坊の顔に対して男性より強い反応を示す。新生児の母親は、赤ん坊に対して父親よりも多く微笑みを示す」[103](111頁)。佐々木考次によると「子どもはほしいが結婚したくないという女性はいるが、父親になりたいが夫になりたくないという男性の話を聞いたことはない」[76](267–268頁)、のように、子どもに対する男女の性差は、多くの研究者が指摘している。

男女差と同時に、人間の男性の中にも女性の中にも大きな個体差があり、それぞれの個体差の幅は大きく重なっている。そのため、性別や年齢によって行動を分類することは、大きな誤りを犯すおそれがある。雌雄による違いがどうであれ、「あらゆる霊長類のきわだった特徴は、行動の可塑性が大きいことである」[103](246頁)。だから、母性という場合、母性の概念、母性的行動、母性のもつ意味を区別して考える必要がある。

シュヴィング（Schwing, G.）によると、母性とは、「まず相手の身になって感ずる能力、子どもの必要とするものを直観的に把握し、いつでも準備して控えていること」であり、「自分自身の運命と同様に他の人の運命を大切にすること」であると述べ、「母なるもの」と「母性愛」とは同一ではないとしている。母なるものとは、「根源的な母なる性から発し、そして女性の献身への準備性から生じる昇華の産物であり」、「母なるものは、それゆえにおんなであることを余すことなく、自認しうる女性においてのみ可能である」と語っている。(50) 彼女の定義による母なるものは、単なる土と同様と考えられるほどの泥臭い母性ではなく、磨き抜かれた輝きを有している。また、精神病の患者は、すべての幼児期にこのような献身への準備性を欠いていたという(3)(馬場謙一、123頁)。

フロイトによると、母親は「両性にとっての人生における最初にして最強の愛情対象(first and strongest love-object)であり、その関係は「その後のすべての愛情関係の原形(prototype of all later love-relations)となるもの(95)」であり、これは「生涯を通じて比類のない不変で独自の関係」である。フロイト派にあっては、多くの神経症者の治療が男根期のエディパルな問題の解決に終始し、それゆえ、現代のような母を巡るごく幼少期の自我形成上の問題は一般に等閑視されていたのではないか(113)(小川捷之)と思われる。

サリヴァン(Sullivan, H. S.)によると、乳児期、子どもがエンパシーによって絶対的安全感(オイフォリア)、弛緩、快を体験すると、その母親は「よい母親」(good-mother)として体験され、これがgood-meとしてセルフシステムに組み込まれるというのである。ところが、不安、緊張、不快を経験する場合は、それが「悪い母親」(bad-mother)となり、それによってbad-meが組織化されてゆくという。(46)

クライン(Klein, M.)は、人間が出生後はじめて経験する外的対象としての母親の乳房と子どもの口唇的感覚を重視し、この時期、外界の対象(乳房)は一個の存在として認知されないという。乳房は「栄養の源泉となるものであり、それゆえに最も深い意味で生命そのものの源泉であって、人間精神にあってのあらゆる『よきもの』の起源となるものである(40)」としている。

エリクソン（Erikson, E. H.）は、母子関係の相互性に基づく「基本的信頼」の確立とその喪失の結果としての「基本的不信」を生じる危機を指摘した。[14]

スピッツ（Spitz, R.）は、「少なくとも最も早い時期の子どもは受身的な受容者である。母親の人格の偏向はそれゆえ、子どもの障害に表現されることになる」と述べ、母子の不満足な関係は子どもに有害な精神的影響を発生させると主張した。「乳幼児と母親（あるいは母親の役割を演じる人物）との人間関係は親密かつ継続的で、しかも、両者が幸福感に満たされるような状態が精神衛生の根本であり」、「長期にわたる母性的養育の喪失は子どもの性格にまた子どもの全生涯に著しい影響を及ぼす」と結論している。[56]

ユング（Jung, C. G.）心理学の立場では「母親に投影された元型こそが母親に神話的な背景を与え、それによって母親に権威を、つまり、ヌミノースな性質を与えている」。[119]

河合によると、母性の特徴は「包む」ことにあり、父性の特徴は「切る」ことにある。母性はすべてのものを平等に一体として扱い、父性はそれを分離しようとする。母性は「わが子はすべていい子」という考えに立って、すべての子を育てようとするのに対して、父性は「いい子がわが子」という規範に立って子どもを鍛えようとする。父性は弱いもの、努力しないものに対して容赦ない切断の力をふるう。父性も母性も同じく肯定、否定の両面をもち、それは子どもを鍛えるというよい面をもつが、反面、破壊し、伸びる芽を摘み取ってしまう否定面を有している。[29]

望ましい母親とは、馬場によれば、①子どもとの接触によって、情愛を触発されるだけの感受性や感応力を備えていることであろう。これがないと、母子の相補的な関係が成立しないことになる。

②そのようにして触発された情愛を、自然に表現する能力をもつことである。たいていの母親には、本能的にこの能力は備わっているが、母親自身の性格によって、あるいは母親の幼児期の親子関係によって、歪められた表現しかできなくなっている場合が多い[3]（122頁）、という。

三、二種類の母性

1　本能的母性

哺乳動物の母親は、自分の子にしか乳をやらない。コロニーを作って繁殖する哺乳動物を見ていると、母親が群れに帰ってきた時、親子が必死になって探しあい、親子であることを確認しあっている。この確認にはおもに視覚と嗅覚が使われていることがわかっている。赤ん坊のアカゲザルは、サル以外の絵よりはアカゲザルの絵のほうを好む(103)(260頁)。

人間の母子にもこのことは当てはまる。実験によると、乳児は母親の匂いをかぎ分けることが知られており、人間の顔に対する反応は誕生初期からあることもわかっている。また、母親の心音に反応するし、胎児の時に聞いていた音（白色ノイズ）に生まれた後も反応することがわかっている。

母親のほうも、視覚、聴覚（泣き声の弁別）、嗅覚によって、わが子を他児と弁別することが知られている。その他、わが子の泣き声を聞くと、お乳が張ることや、乳児の柔毛に触れると、乳が飛び出す反射をもっている。乳児にはその他いろいろの反射があり、それに刺激される母親の行動がある。このように、子どもの側にも母親の側にも、母子が交流できる手段が遺伝子レベルで準備されている。子どものアタッチメントと親のアタッチメントが相互に交流しあうような、そういう遺伝子に基礎をもつこのような相互交流をパブジョックは「ペアレンティング」と呼んだ[23]（224頁）。

ある母親が、彼女は日本と米国の両方で出産したのだが、それぞれの場合に身体で覚えているものの差を話してくれたことがあった。米国での出産のときは、きれいにされてから抱かせてもらった日本での出産とちがい、産道から出てきた直後にそのまま子どもを抱くことを許された。この時に身体の中を何かが走るのを感じ、この子はわが子だという思いが身体にしみ込んだ、と述べている。

出産とその時の環境には、家庭での出産、夫の立ち会いの出産、病院での出産、祝福された出産、秘密の出産などがあり、出産方法や出産時の環境で子どもに対する母親の感覚が違うことが確認されている。これらは、母子のもつ本能の発現する条件が、環境によって影響を受けていることを示唆するものである。特に、子どもの障害や母親の病気による出産直後の母子の隔離は、本能的母性の発現に大きな影響を与えることが知られている。

このような研究と体験を踏まえて、この二〇年の間に、次のような方向への歩みが現れた。ミッチェルによると、①母親と父親の両方に出産への準備教育を施すこと。②分娩の際、父親が立ち会うこと。③麻酔を最小限にするかまったく用いず、母親が分娩に全面的に能動的に参加すること。④分娩後ただちに母親と新生児を接触させること。⑤出産以後毎日、新生児と母親を長時間「同室」させること。⑥家庭での分娩、または家庭に似た条件の下での分娩(103)(98頁)、などである。

これら母子の周産期からの観察により、ウィニコット（Winnicott, D. W.）は、周産期の母親の献身について述べている。ウィニコットは、子どもの心が内的対象関係から外的対象関係へスムーズに移行していくプロセスを、具体的な心的現象に対するあらたな解釈によって明らかにした。子どものこうした移行対象経験が十分に行えるように布置を整えるのが母親の役割である。子どもに「錯覚的思い込み」が保障され、「魔術的な対象操作」が保障されることは母親の献身によって可能になる。つまり、母親が子どものそうした経験を大切に守ってやろうとすることによって初めて可能になるということである。「ほぼよい母」としてのかかわりの成否が、のちの子どもの人生に影響を与える。クラインの母親像は、子どもの内的世界に留まって認識経験の基礎的枠組みを形成するのに対し、ウィニコットの言う母親像は「錯覚的思い込み」経験を行う心的領域を保障する、いわゆる「うつわ」のような役割を発揮する(113)(62頁)。そして、ウィニコットが母子関係について重要視している「母性的没頭」も「抱くこと」も、母親が夫である父親に支えられて初めて可能になるのである(76)(馬場謙一、52–53頁)。

本能的母性と言うと、すぐに献身的母性愛が連想される。子どもにとって母との「愛」はいかなるものかと言うとなかなか難しい。「愛」は多義的であるが、大平健によると「一体化による至福感と自分の個としての消滅、交流性による個の成長が愛の『意味』」となる(113)。山村賢明は、自己犠牲的な母、依存、愛着の対象である母、顧慮への要求をする母、社会へ駆り立てる母など、母の多義性の日本文化における像を示している[113]（163頁）。

2　学習的母性

母性とは、「授乳本能に象徴される、一過性の本能である。女性の本質は、あくまで『女』なのである」[112]（206頁）と矢野隆子は述べている。脳には生物学的根拠のある性差が存在する。しかし、行動における性差は、これらの事項だけでは説明できない。意識をもつ人間の場合は、生物学は規範と文化的または社会的な期待によって影響されるのである。

ハーロー（Harlow, H. F.）のサルの母親の研究によって、母性は生得的なものではなく、また子どもが生まれた時に本能的に目覚めるものでもないことが明らかになった。そうではなくて、母性の能力は、乳児期の自分の母親に対する接触体験に基づいているし、また広く同年齢あるいは異性の仲間との満足のゆく社会関係が前提になっている[51]（177頁）。この実験は、人間が人為的に作ったものであり、自然における遺伝子に基づく母性の発揮がなされないような環境に陥った時の実験である。ハーローも最初の頃の考えをのちに一部修正している。

序でも述べたように、人間は本能を克服してきた歴史をもつ。母性もその例外ではない。人間の場合は、学習による母性性の獲得が広範囲を占めており、その重要性は他の動物の比ではない。『クレイマー・クレイマー』という、世界中を沸かせた映画があった。母親が出ていった後、残された子どもを抱えて、父親が悪戦苦闘するが、やがて子どもとの間に強力な親子関係が形成される。この親子関係はその中に、生物学的には父親であっても、母性的な関係も含むものであった。裁判で親権が母親に移った後でも、子どもが父親のほうに親密性をもち、母親をして子どもを父親に返すことを余儀なくさせるような強固なものであった。

　人間の場合は、実母だけが母性をもっていたり発揮できたりするのではなく、子どもに愛情をもって関わる大人のすべてが母性的行動をとることを可能にする。このことは逆に、実母であっても、何らかの要因により、難しい子育て（難しい子ども）に当たった場合や、母親に母性的行動が学習されていない場合は、母性的行動がとれないことが起こりうることを示す。動物園で育てられた動物は、高等になればなるほど、繁殖率が低くなる。異性に対する興味がなかったり、母性的行動がとれなかったりする。野生動物の場合でさえ、第一子に対しては、母親は不器用で、子育てが下手なことが確認されている。体験を積むほど子育てがうまくなる。また、育児経験者の指導によって、育児行動が改善され、母性的行動が子どもに伝達されやすいことも知られている。

　昔から人間には、育児を助けるシステムがあった。それがないと子育てが難しいからである。初めての出産や子育ては母親に不安を呼び起こす。それが子どもに影響する。たとえば、吉本隆明は、「母親がびっくりすることとか不安なことが多ければ多いほど、乳幼児は不安な状態が多いわけで、多くなればたぶん閾値は低くなるのです。つまり不安に陥りやすい通路ができているわけです」[123]（86頁）。その上、彼は少し極端だが、「母親の胎内にいる時とか胎外に出て一年未満の時の、ほんとは無意識の『核』にちゃんと収まっているはずの要素が、バーッと表層に出てきちゃったものが『分裂病』（統合失調症：筆者註）だというふうに理解しないと、これは治るというふうにはいえない」[123]（93頁）とまで言っている。明治の母から娘への言い伝えに、「女はお産の時、騒いではいけない」というものがあった。近年になって、お産の時、母親が騒ぐと、胎児の心拍数と血圧が上がることが測定されている。昔の母親は母親の不安が子どもに及ぼす影響を直観で感じていたのだろう。

授乳本能の自然の停止によらない離乳が引き起こすトラウマについて、ラカン（Lacan J.）は、「動物では、栄養補給の目的が達成された時に、母性本能が活動をやめるという事実があるが、人間では、反対に、離乳を条件づけるのは文化的調整である」[125]（31頁）。人間の離乳は文化的、環境的要因が影響するために、「離乳は、それが伴う偶発事の何か一つによって、しばしば心的外傷となるのだが、その個人的な諸結果、たとえばいわゆる精神的無食欲症、経口的な麻薬嗜癖、胃腸神経症などは、離乳にそれらの原因があることを精神分析的に明らかにしている」[125]（32頁）と述べている。

乳母と子どもには、本能的母性と学習的母性の混在が見られる。子どもは母親よりも乳母になつくことが多かった[70]（220頁）。家康の命令で、乳母が与えられた家光は、終生母親よりも乳母の春日の局《つぼね》の影響を強く受けていた。子どもを乳母に育てさせることが流行した一八世紀のフランスでは、ブルジョワの家の乳母の多くは、自分が乳を与えた子に非常な愛着を感じ、その子らの側にいたいために田舎へ帰ることを拒んだ。自分自身の子よりも自分が育てた子と深く結ばれていた彼女らは、自分の家よりもずっと快適な暮らしができるブルジョワの家に残ることを選んだ[74]（222頁）のである。遺伝子的には繋がっていなくても、「お乳をあげた」という関係は、学習による他の母性的行動とは一味違っているように思われる。子宮を借りて、自分たちの受精卵を育ててもらった子どもと、借り親の関係や遺伝子上の親との諸関係にも通じるものがあるかもしれない。契約を破棄してまでも、自分の子どもにしたいという、借り親からの訴訟があったが、この訴訟の意味は、母子関係とは何か、親子関係とは何かを考える上で重要な意味を含んでいるように思われる。

四、母性の二重性

1　母性的行動における心の一致と乖離

母親の優しさをイメージしてもらうと、病気の時に看病してもらったことを思い出す人が多い。それに対して、病気の時に母親が来てくれなかったり、困った時に母親がいなかったことがトラウマになっている人も多い。あなたが人の優しさを体験するのに、病気になった時、たとえば一人で食事ができない時に、ある人に食べさせてもらう体験をすると、人によっていかにその差があるかがすぐにわかる。言葉より、食べさせてくれる行動によって、判断できるのである。いやいや世話をしてくれているのか、親身になってケアをしてくれているかが、手に取るようにわかるのである。

ラカンが授乳コンプレックスということを言っているが、(125)授乳と離乳に対する母親の態度は、その後の子どもの心に大きな影響を与えていることが知られている。授乳態度は母親の子どもに対する思いの行動レベルでの表出である。

松沢哲郎は、人間は母と乳児の身体的分離のもとに早期に育児がなされることに、サルとの大きな違いがある、と述べている。言葉をもたないサルは、二四時間肌身離さず子どもと接することで、あらゆることを伝達する母子関係が成立している。[100] 人間は言葉によってコミュニケートするがゆえに身体的に離れた母子関係が成立し、動物的感覚とずれた知的行動としての育児が行われる可能性がある。出産、授乳を嫌う母親にはそのような乖離が起こっている可能性が高い。

母性の根本的なところは非常に本能に近い。現代女性が個性を確立するという生き方は本能とは拮抗するように思われる。心の中の母性を否定し、出産し子どもを抱えながらも現実感が薄く、生物的感情に素直になれない、自然の心の流れに従えない、子どもに対して自然な愛情を表出することができないという、心の乖離が起こっているように思われる女性が多く出現している。現代文化は、わが子に対する素朴な愛情の表出をも阻止するように働いているのかもしれない。

フロイトはアタッチメント（愛着）を人間の苦悩の源泉として捉え、この心の苦悩から抜けだす営みとしてモーニングワークの概念を提示した。つまり愛着が人間の悩みやノイローゼを作りだす元凶であると考えた。ところが、乳幼児の母親に対するアタッチメントを研究する人々から見ると、アタッチメントは人間の心が成長していくための必需品であり、まさに心の糧そのものである。母親との間でアタッチメントが一定の水準まで満たされないと、その子どもは心の健全な発達が困難となる[23]（193頁）。母子の接触がどのような関係と心の状態によって行われるかにより、アタッチメントに二重性が生まれる。子どもは母性的行動を行動レベルで感じているのである。言葉と母性的行動、特に授乳・離乳・抱っこなど、特に乖離があったり、母性的行動とその時の母親の心情に乖離があると、子どもの心に障害を残す。

思春期になって摂食障害を起こす女子と離乳行動、初潮の時の母子関係（ケア）が大きな影響を与えていることを、筆者は臨床実践から学んだ。摂食障害は思春期に多発するおもに女子の心の病であると言われているが、心の空洞を埋める防衛反応として食べ物を体の中に入れ続けるように見え、求めながら満たされない愛の代償物として食べ物が使われていると考えられる。食事や食べ物への異常なまでの執着は、実は心の深層に沈殿していて生きることを困難にするようなもろもろの問題性の形を変えた表現であり、食べないという症状は人格の根底にある不安の自己防衛的解決であると言うことができる。このような症状には、人生の初期の傷つき体験、母子関係の中での喪失体験が大きく関わっているのである。

初潮は子宮から少女に届けられる最初の告知であり、大人の女性へのイニシエーションである。現実には行動の制約や自由の束縛を感じて疎ましいだけだが、意識されないところで刻まれる成熟のリズムは得体の知れない不安を呼ぶ。自分の体との出会いをうまく内在化させるということは難しい課題である。そこで家族、特に母は娘の初潮の日を特別な日としてお祝いをする習慣があった。そのケアが気恥ずかしくてうれしい思いとともに受け入れることができるのは母親の守りをそこに感じるからである。この守りがあってこそ、娘はレイプから身を守り、女性としての成熟のプロセスを歩んでいくことができる。この時期に、幼児期に体験した甘えと依存の関係が再現される。思春期の女子にとって母との関係がほどほどに密着したよい距離感が保たれていることが必要である。初潮の時母に報告しなかったり、母が何の感動も示さなかったりして傷つき体験をしたクライエントがかなりいる。母親面接で娘の初潮を知らなかったり、何の感慨もない母に出会うこともかなりある。家族、特に母の祝福や守りによって初めて身体との出会いが心理的イニシエーションとして内在化を可能にするのに、それがない傷ついた少女たちはイニシエートされないままに置かれ、母のケアを求めて早すぎる異性関係に走る例が跡を絶たない。母との関係が悪かったり切れていたりすると「トルデおばさん」（グリム童話）のところで死を迎えることになるかもしれない。このことは、第Ⅱ部の母性イメージの歴史的展望と現代的諸問題および事例研究で詳しく述べられる。

2　母親の子ども虐待の心理――鬼子母と鬼子母神

母性の二重性の両極端に、慈しみと虐待がある。心理的に自分の子どもを虐待する行為は人間だけに見られる現象である。人間以外の霊長類の親も、時々自分の子どもを罰するが、「親自身が社会的に孤独で育てられた場合や檻でのストレスのため行動が異常になっている場合でないかぎり、子どもにむごいことをすることはまれである」[103]（121頁）。

虐待を受けた子どもは、そうでない子どもより次のような特徴がある。西澤によると、「周産期の異常や乳児期の疾病が多い。育てにくい子どもである。知的障害や身体障害がある。また、母親自身の被虐待体験に未熟児出産という要因が重なった場合、子どもへの虐待が生じるリスクが高くなる」[65](60頁)。しかし、決定的な要因が明確になったわけではない。これらの場合の多くは、多分に遺伝的・本能的性質を有すると思われる、周産期における母親の献身の発動機会が母親になく、子どもが母親のもとに帰ってきた時には、すでにその臨界期を過ぎているのではないかと考えられる。だから、「初期の生物学的な母子関係の構築の欠如、子どもの特徴と親の特性の相互関係の中で、虐待という現象が生じると考えられる」[65](20–21頁)のである。子どもに障害があっても、何らかの形で母子関係が形成されると、虐待とは逆に、子どもの障害が普通より深い親の慈しみを生じさせる場合が少なくない。

虐待を受けた子どもに共通のものとして、過度の攻撃性・貧困な自己概念・他者を信頼する能力の欠如・人間関係における逸脱行動・不適切な愛着行動、およびディタッチメントが見られる、と述べた。これは、子どもが親の行動パターンを強く学習した結果であると考えられる。そして、この学習は親以外の対人関係や社会的関係に汎化していくのである。自らが依存性の高い親にとっては、依存的な存在である子どもとの関係は非常に高いストレスを生じる。依存的な親は、自らが依存できる対象や環境がないと、たまりにたまったストレス性のエネルギーが、外へ向かう攻撃となる。このことは親に依存できなかった子どもが、癇癪を起こしたり、他児を攻撃するという指摘と類比できる。また、依存性が高いことは、それだけ親自身が子どもっぽいと言える。「虐待傾向のある親の特徴として衝動性や攻撃性に高さが見出されている」[65](56頁)、「社会的に未熟な状態にある親が子どもを虐待しやすい」[65](56頁)、「自己評価が低く自信が持てない母親は、自分の周囲で起こる出来事を自分の責任であると捉える傾向がある」[65]（67頁）、「虐待を生じる家族には社会的な孤立傾向がある」[35]（128頁）という西澤の結果と一致する。また、虐待された子どもの約五〇パーセントは、虐待する親になる、とも言われている[103]（122頁）。

慈しみと虐待は、母性のもつ二重性なので、ある意味で、母親の置かれた精神的な環境によって、どのような母親にも幼児虐待が生じる可能性がある。だから、「精神疾患を有する親に虐待傾向が見出されるということは事実であるが、その逆、虐待傾向を示す親の多くが精神疾患を有しているかというと、必ずしもそうではない」[65]（57頁）との研究結果と一致するのである。

3　「育てる」と「飲み込む」

原初的母子一体感の世界は、すべてであるものをあるがままに認め、許し、受け入れる世界と言える。物事を区分したり裁いたりする規範的原理ではなく、すべてのものを無差別に包み込む抱擁的原理である。松本は、「日本の伝統宗教を見ると、その基本的な原理は、父性的というより明らかに母性的である。すなわち、あるべき姿を強調する規範的原理よりも、あるがままの姿を包容してゆく自然的原理の方が優位である」[76]（137頁）と述べている。また、母性は、矢野が指摘するように、「『母性』とは愛ではなく、『情』であり、没社会的な本能で、自己愛の一形態である。これは母性の排他性――子ども以外の存在への無関心――を考えれば明らかである」[112]（206頁）、という面ももっている。

父親の権威が失墜したと言われているが、日本では、「文化・宗教のレベルではもともと『母なる神』が伝統的に『父なる神』を凌駕していた。寛容とゆるしの母性原理は、規範と節目の父性原理とのバランスをとってこそ、正しく機能するのであるが、今日では社会的にも文化的にも父性原理が弱まったため、母性原理は歯止めを失って肥大化してしまったのである」[76]（松本滋、141頁）。

母性が子どもを育てる方向性と飲み込む方向性のあることがわかるが、飲み込む方向性の母性は、子どもの側から見ると母性不在と映る。たとえば、ボウルビィ（Bowlby,J.）は、母性不在の三つの型を述べている。①子どもを無意識的に拒絶すること。②子どもの愛情を確保しようとする過度の欲求。③子どもからの激しい拒絶にもかかわらず、その子どもに他の形で愛情欲求を満たそうとする無意識的な投射[51]（83頁）、である。このうち、②と③は、母親の側の子どもの飲み込みであり、同じ母性不在でも拒絶とは異なる。飲み込み型に対して、子どもが反発し、自立すると、拒絶になることもあるが、最初からの拒絶もある。最初からの拒絶は、母性が与えられていないケースであり、後々の子どもに与える影響がより大きいと思われる。

日本は母性社会と言われるように、従来は飲み込み型の母親が多く存在した。だから、日本の男の子は、母親に家から追い出されるかわりに心の中に住み込んで自分と密着して一体となった母親（イメージ）を自らの手で自分の心から追い出し、殺害しなければならない。自分を飲み込んでしまう恐ろしい母親を殺すことなしに、日本の男の子は男になれない[21]（168頁）と小此木は言う。日本における家庭内暴力の特徴として、男の子の母親に対する暴力がある。ときには、これが嵩じて、母親殺しや母親のそれが祖母に由来している場合は、祖母殺しになったりする。また、自立に失敗した男子は、マザーチャイルド、マザコン大人として、母親の膝元から離れられない場合と、ユリシーズ・シンドロームの一つの局面として、母親、つまり女性に飲み込まれることを恐れるあまり、偏った男尊女卑的な心性に固執し、女性を過度に軽んじたり、不潔視したりすることが生じるのである[23]（74頁）。

五、子どもと環境

1　子どもをめぐる諸関係

人間の子どもの人格発達はその素因にも影響を受けるが、環境によって、同じ素因をもっていても人格、行動、作業結果、人生が大きく異なる。

子どもが非行化しやすい家庭の特徴として、大淵・安井は、「①親の拒否的態度。②親の無関心。③親による体罰。④子どもの親に対する不信感。⑤父母の不和。⑥親の人格障害。⑦欠損家庭と初期の母子分離。⑧貧困。⑨大家族。[23]」（121頁）を挙げている。その他にも、子どもの人格発達は、社会環境や時代の潮流、人との出会い、親の育て方など、多くの要因によって影響を受ける。図1は子どもを取り巻く環境を図示したものである。子どもは、父親・父親のおとこ性、母親・母親のおんな性、両親の関係、それらを取り巻く社会から影響を受けているということを図示したものである。以下、次節でそれぞれの子どもにとっての意味を検討したい。

(1)　子にとって母とは何か

児童権利宣言第六条「子どもは彼らの人格の完全で調和のある発達のために、愛と理解とを必要とする。子どもは可能なかぎり親の保護と責任のもとで、また常に愛にみちた、道徳的、物質的安全を提供する環境の中で成長しなければならない。子どもは、その傷つきやすい時期に、特別な事情がないかぎり、母親から分離されてはならない……」[51](3頁)と規定されているように、子どもは両親の愛と保護のもとに置かれないと、その発達が歪むことが知られている。特に、幼い時の母親からの分離は終生のトラウマとなることが発見されているからである。このことは、一三世紀ヨーロッパの、ある国王の気まぐれからはからずも生じた実験で明らかにされている。それは中世の一二六八年に、フリートリッヒ二世が行った実験である。それについてシュマールオア(Schmalohr, E.)は、「彼は幾人かの捨て子の新生児を選びだし、

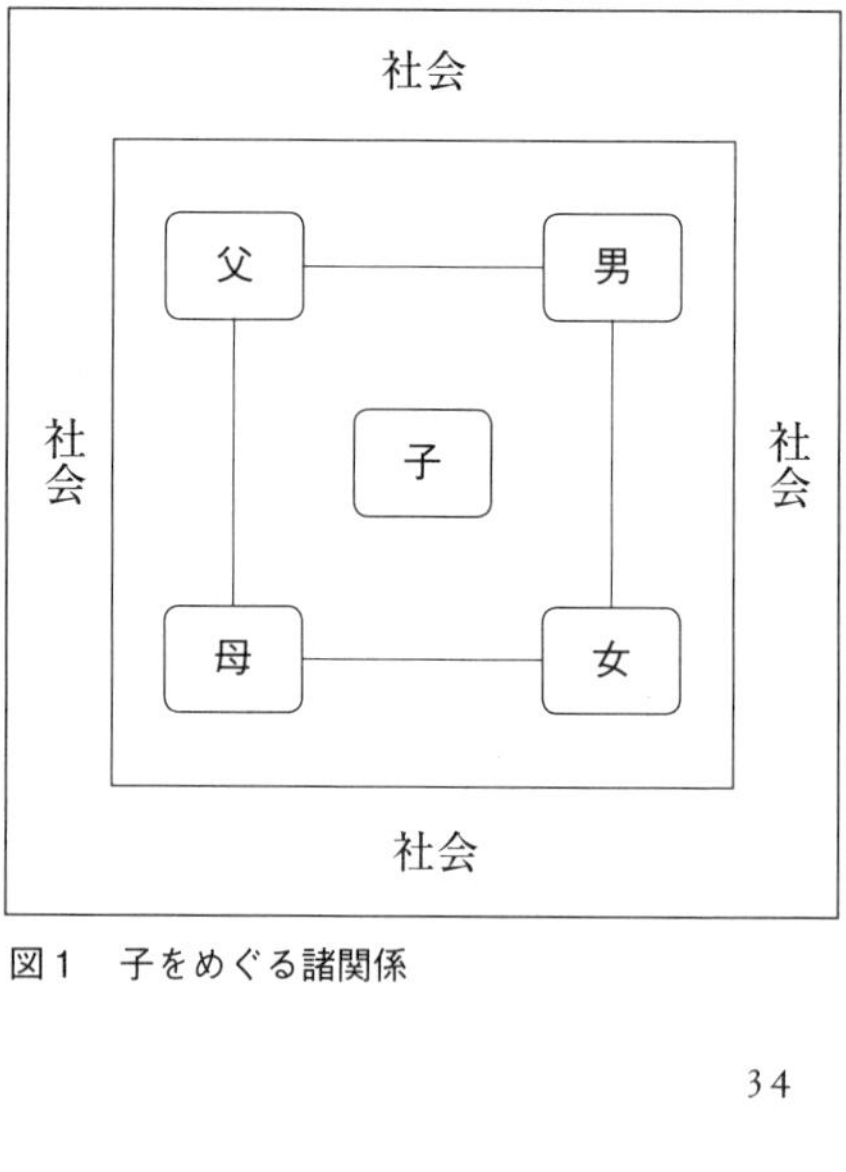

図1　子をめぐる諸関係

保母や看護婦に、子どもを抱いて母乳を飲ますことも、風呂に入れて洗ってやることもかまわないが、しかし、どんな方法にせよ、機嫌をとったり話しかけてはならぬと命じて育てさせた。彼はこの実験によって子どもがどんな言葉を話すかを調べようとしたのである。しかし、これは徒労に終わった。というのは、この子どもたちはみんな死亡してしまったからである。つまり、保母が手で撫でてやったり、笑顔を向けてやったり、あやし言葉をかけてやらなければ、子どもたちは生きられなかったのである」[51](5頁)と述べている。このような事実は、枚挙に暇がない。たとえば、一八世紀のフランスでは、一般的に、母親が世話をし、乳を与えた子どもは、里子に出された子どもに比べて、死亡率がほぼ半分だった[74](126頁)。一八世紀の後半、孤児院に棄てられた子どものうち、ルーアンでは九〇パーセント、パリでは八四パーセント、マルセイユでは五〇パーセントが、一年以内に死んだ[74](129頁)。聖書にある「人はパンのみに生きるにあらず」が、乳幼児期の母性欠損によって、証明されている。

これらの事実は、近代になってホスピタリズムの研究として発展し、施設児の高い死亡率の改善に役立っている。また、一七六〇年頃から、母親に対して、自分で子どもの世話をするように勧め、子どもに乳を与えるように「命ずる」書物が数多く出版されるようになったことも関係する[74](135頁)。

早期の母子分離を含む養育のシステムが成人期の性格にどのような影響を与えるのかは、アローレーズ族の研究を紹介したシュマールオアによると、「根本的には他人を信用せず内面的に孤独な性格が形成される。両親に対する愛情をもたず、良心の発達は低次の段階にとどまり、ただ罪意識を伴った恐怖心をもっているにすぎない。彼らは常に防御的、退嬰的であり、自信がなく、たえずおびやかされている。彼らは共同作業では、それが可能な場合も、相互の信頼感はきわめて低く、相互にだましあいが行われる。このような子どもが親になると、子どもを放任することになり、悪循環が生じる」[51]（19-20頁）。このような結果は、より精密な研究を必要とはするが、養護施設児の子育てや非行などを見ていると、われわれの経験とも一致する。ハーローが赤毛サルの実験でこのような観察の正しさを明らかにしている。また、「戦争中、難民の子どもたちが、母親との接触が継続している時だけ、飢餓、不幸という従前の生活圏の喪失による打撃的な難民体験を克服したという事実がある」[51]（79頁）。これらの諸結果は霊長類のもろもろの種に見られる傾向と一致し、比較文化的データが示唆したところでは、「幼児が母親と一緒に眠る期間がアメリカの場合よりも長い非産業化社会では、子どもは人にかまってもらいたがる傾向が少なく、しつけがより容易なように成長し、物品を欲しがることにふけることが少ない」[103]（118頁）のである。過度に物を要求する子どものベースには、初期の母子関係、母子接触、母子一体感の欠如が存在するようである。

野生動物の場合、育児中に母親とはぐれたり、母親が死んだりすると、子どもの命はなくなる。母親の留守中に、子どもが他の動物から襲われる危険性が高いのも事実である。人間にとってもそれは同じことで、子どもにとって母親は、肉体的・精神的成長に何ものにも替えがたいものであることが証明されている。ただ、人間の場合は、人工乳により親の代理が可能であり、実母でなくても、父親でも祖母でも、遺伝子の繋がりがなくても、子どもの養育は可能である。精神的に病んだ両親よりは、健康な養父母のほうが健康的に育つことも知られている。他の女性の子宮だけ借りた子どもの出産が見られるようになった現在、子どもにとっての母親の要因はますます複雑化していると言えよう。親子関係が複雑になっても、母性は昔と変わらず子どもの生育に大切な要件である。幼い頃の親子関係は子どもにはイメージとなって後々まで影響する。特に、授乳行動と授乳時の母子関係は、子どもの成長に重大な影響をもっている。ラカンは、「離乳複合は、心的作用のなかで、養育関係を人間の幼児期の欲求が必要とする寄生的様式のもとに固定する。それは母親のイマーゴの最初の形態をなしている」[125]（30頁）、「患者は、自分を死へゆだねるなかで、ふたたび母親のイマーゴを見つけだそうとする」[125]（43頁）と述べ、母親のイマーゴは、生と死に深く関係していることを指摘している。出産以前の胎児の状態への回帰が、古代の埋葬方式（屈葬）に見られるのも、母子関係が生と死のイメージに繋がっていることを示していると言えよう。

以上のように、子ども（特に、幼い子ども）にとって、母（母性）は絶対必要であり、それは生死を分け、成長に不可欠の存在である。それと同じぐらい、母親にとって子どもが絶対であるかどうかは、疑問である。母子両者の気持ちの乖離が、子どもの問題を引き起こすベースになっているようである。

(2) 母にとって子とは何か

エムディ（Emde, R. N., 1991）は、「赤ん坊が、母親ないし大人に提供する『報酬』という概念を提出している。大人は、赤ん坊をあやしたり、抱っこしたりすることによって、自分たち自身大きな満足を得る」[23]（217頁）と言う。

私たちは今日、子どもの死はその母親の心に消し去ることのできない刻印を残すと、固く信じている。ルブラン（Lebrun, F.）は、「生命があるかどうかわからないくらいの胎児を失った母親でさえ、その死をいつまでも忘れない。悲嘆を病的に表に出さないにしても、母親はだれでも、取り返しのつかない喪失の日として、子どもの死んだ日を忘れない。九ヵ月後には別の子どもを生むことができるからといって、前の子が帰ってくるわけではない。私たちが、胎児を含めて、人間一人ひとりにあると考えている特質を量で補うことはできない。こういう意識はかつて支配的だった意識と逆である。人間の場合、幼児の死は、その後の別の誕生によって繕われる、ほとんど当たり前の事故と感じられている」(74)(72頁)と母親の子どもへの強烈な思いを述べている。

このような時代の変化に伴う、子どもへの思いの変化はどうして生じてきたのであろうか。もともと、人間のおんなにとって子どもの意味は、自己の遺伝子を残すだけのものではない。相当昔の意識では、「幼児の死は、その後の別の誕生によって繕われる、ほとんど当たり前の事故と感じられていた」であろう。これは、野生動物の母親を見ればある程度納得できる。多くの野生動物は、子どもが死んだことを知ると、母親の意識の中では子どもは「物」となり、母親としての関心を失うようである。

王家や武家社会が社会構造の中心になり、家や血筋による支配階級の相続が続く社会になった時、子どもを産むことはおんなの価値を高める唯一の手段だった。「三年子なきは去る」と離婚の理由にまでされたくらいである。政略結婚のため多産が奨励された時代もあり、「イエ制度」が固定化したため、男子の跡取りを産むことが、課せられた時代もある。今の時代から見ると、まさに女性差別であるが、社会やイエの要請に応じられた女性には、大きなメリットがあったことも事実である。一八世紀のブルジョワジー台頭の時には、「子どもの教育をその手に引き受けることによって、ブルジョワジーの女は自分の個人的な地位を二つの面で向上させた。昔から持っていた家族の物質的財産に対する権力に加えて、子どもという人間存在にたいする権力をも手中にしたのである」(70)(212頁)。戦後、イエ制度が崩壊し、財産相続と親を看ることとの関係が薄れるとともに、母親の子どもを産む経済的・社会的メリットもなくなったと言える。

今までは子どもを産むことは自然なことであった。今女性たちは、どのような意思のもとに、子どもを作り、身ごもり、育てるかを意識的な課題とするようになった。現代の女性は、「子どもを産み育てることの中でこそ女性は成長する」という伝統的な価値観と、「子どものために家庭に閉じこもれば、女性としての人間的成長は止まる」という新しい価値観がともに存在する、混迷の状況に生きている(112)(213-214頁)。「いつも家にいる母親」=「よい母親」という世間一般のイメージは、実は子どもが特定の個人と強い絆を必要とする発達段階にある時にのみ妥当性をもつ。それはせいぜい三年である(112)(矢野隆子、217頁)。このような変化は、家族内老人福祉を原則としなくなった現代の経済上の理由と考えられなくもない。

人間かそうでないかを問わず、また人種を問わず、子どもは可愛いものであり、大人を引きつける魅力をもっている。動物園でも動物の種を問わず、子どもは成獣より人気が高い。それは大人の精神を和ませる。一八世紀フランスの親たちは、「子どもを玩具あるいは機械のように扱うのが一般的だった」(70)(62頁)と言われている。そしてこの傾向は現在のわれわれの周りに起こってきている。

その傾向の一つとして、最近の育児のファッション化に伴う子どものペット化がある。これまで母子関係の問題としては、おもに過保護・過干渉・母性過剰の母親像がとりあげられてきたが、その対極としてあるのが、精神的に娘のままの母親であり、こちらのほうが近年増加しそうな気配があるのである。矢野の指摘のように、この現象は、はじめヤンママの子育てで見られたものである。しかし、最近のペットブームやそれをより機械化したロボット（アイボなど）の流行は何を意味しているのであろう。ロボット犬アイボは、高価にもかかわらず品切れ状態が続いている。それに味を占めた他のメーカーが、より安価なペットロボットを市場に投入している。

過保護の母親、娘気分の母親という両極端の母親像に共通して欠けているのは、社会的視野である。「社会的視野をもった母性がなければ、子どもをとりまく環境はよくならない」[112]（227頁）と矢野は述べているが、これは父性の役割だったはずである。父性の欠損が母性に過大な役割まで押しつけているのが現代かもしれない。

母親が抱く子どものイメージには、母親自身の未来の可能性が含まれている。これが、母親の子どもへの期待に繋がる。「いい学校・いい就職・いい結婚」は、戦後日本人が陥った最大のコンプレックスである。子どもの問題は、親の期待と子どもの現実との乖離から生じていることが多い。しかし、子どもに期待するのも親ごころである。親が期待しない子どもは育たない。要は、期待の中身と親子間での期待内容の乖離が問題なのである。

柏木恵子は、「子どもへの期待の強さそのものは、日米間でまったくかわりがなかった。日本の母親が米国の母親よりも重視し、子どもにより早期の達成を求めているのは、情緒的成熟、従順、そして、自立である。米国の母親がより重視しているのは、「言語的自己主張と社会的スキルである」(66)(234-235頁)、「子どもの課題遂行につきそっていた母親の態度では、米国の母親が、子どもの自由な試行錯誤をかなり自由にさせる傾向にあるのに対して、日本の母親は脱線しそうになると制止したり、課題のほうに誘導する。ここにも自分の意志に子どもを従わせようとする、日本型母性の特質である『飲み込み型』が現れている」(66)(253頁)と述べている。

(3) 子にとって父とは何か

岡田によると「心の中での父親像・母親像を問題にする場合、母親像は個人の実際の体験の性質に規定される面が大きく、心理的加工を許し難いのに対して、父親像の場合、想像される面が大きく、現実の体験からもう少し自由に離れることが可能で、心の中だけで造り上げることのできる部分が母親像に比して大きいということになる」(16)(56頁)。父親像はイメージの部分が多い。普通の父子間の相互交渉や父親のしつけに関する研究を見ると、「父親には母親と質的に異なる働きかけがあり、それが子どもの発達にとって母親からの働きかけに加えて重要であることは見逃せない」(66)(256頁)。また、「子どもの知的発達、特に男子の知的発達に父親不在がマイナスの影響をもつことを示すものが多い」(66)(255頁)ということからもわかる。

一般的には、父親の役割は次のようなものと考えられている。速水によると、「父親は子どもに命令を与える超自我として機能し、子どもはこうした父親に尊敬の念を抱くとともに、不快な服従をしいられて、不安や敵意を感じるかもしれない。もし子どもが母親に強い攻撃性を向けるという事態が生じたとすると、それは、父親が子どもの攻撃性の方向を自分へ向けさせる『家父長的』権威としての役割を果たしていない証ともなる。その場合、何らかの理由で、母親が『家父長的』権威の担い手になってしまっている」[66]（151−152頁）のである。

家庭内暴力や不登校の問題が大きくなっている現在、父性の弱体化が指摘されている。これは後でも述べるが、父性の弱体化には、日本文化の特質としての母性文化が関係している。しかし、それより大きく反映しているのは時代精神である。たとえば、子どもが成人するまで夫は必要な存在である。子どもに十分な教育を与えてやれないような母子家庭では困るし、世間体も悪い。しかし、ひとたび子どもが独立すれば、父親の必要性は確実に下がる。このような打算から、長い間離婚を思いとどまっていた妻が、熟年離婚を求めるのかもしれない[112]（201頁）との矢野の主張に、多くの女性は賛同するのではないだろうか。

父性の弱体化の現象はわが国だけでなく、世界中の文明国に見られる。このことを考える必要は大きいが、本論は母性を中心としているので、別の機会にゆずる。

(4)　父にとって子とは何か

ＮＨＫの大河ドラマ「葵三代」では、武家にとって息子は、「イエ」の存在に欠くべからざる要件になっている。また、娘がいることは、当時結婚が政略的な意味をもっていたので、これも欠くべからざる要件になっている。古代日本では女帝が存在したが、江戸時代になると階級が固定され、男系相続による「イエ」制度が確立された。特に、支配層であった武士階級は、「イエ」に禄がついていたので、「イエ」がなくなることは収入がなくなることを意味していた。現在でも、議員をはじめ、会社役員（特に創立者の子孫）、医師、弁護士など経済的に富裕な層や支配階層には、世襲的な後継者選びが見られる。衆議院議員選挙においても、総理の娘というだけで、政治経験がまったくないと言ってよいような若い女性が最高得票数で当選したりしている。息子だけでなく娘も後継者の対象となっているのは昔と異なるが。このような現象は、政体や組織が改革されたときは一掃されるが、その組織が固定化するとともに増大するようである。それは、日本猿のボスになる要件として、知力・体力ともにボスの子どもであることとメスからの人気が高いことが挙げられるが、その生物自身の遺伝子を残そうとする基本と関係していることかもしれない。

江戸時代に確立された、武家や大商家の遺産継承形態が、明治時代には民法で庶民にまで拡大され、それが戦後まで続いた。戦後になって、「イエ」制度は憲法と民法の改正によって廃止された。「イエ」制度の崩壊は、男女の平等と遺産継承の平等を生み、父親の権力を大幅に削った。父親と夫は外的な制度上の力を失った。このことは、父親の権威は、実力と実践によって示されなければならないことを意味している。それでなくても父親の存在は、母親に比べてイメージ的であるので、現代では子どもとの実質的なかかわりが父子関係を形成する重要な要素になるのである。父親であるというだけでは、子どもとの関係に何らかの意義を与えることは難しい。子どもから信頼や尊敬を得て初めて、父親の存在意義があるのである。父親の存在は、子どもとの関係に先立ち、妻との関係を基礎とする。家長や戸主権が制度からなくなり、男女が同権になっているのであるから、夫婦の関係は平等であり、お互いの関係によってのみ存続する。このことは、特に男性は頭では理解しているが、なかなか感情のレベルにまで達していない。まだまだジェンダーの縛りが男女ともに強固に働いているところがある。

時代精神の変化は教師―生徒関係にも反映されている。教師が社会的尊敬を得ていた時代はともかく、現代は教師というだけで生徒の尊敬や信頼は得られない。教師のイメージが昔と変化している。教師は教師としての行動と作業結果によってのみ、生徒との関係ができるのである。そして、日本のあらゆる支配階層や権威のある職業に、このような現象が見られる。このことが行き過ぎると、超自我の形勢不全や崩壊が起こり、常識的なケジメが崩れてしまう。そのような現象が今の日本に満ちあふれていると言えないだろうか。

フロイトは、神経症理論の中核に「エディプス・コンプレックス」を置いた。これは、父―息子関係と父―娘関係が異なることを意味している。当然この対極として、母―息子関係と母―娘関係の差が存在する。男女平等思想の進展とともに、娘と息子、男性と女性のジェンダーが変化してきた。雌雄のある動物には、「同性は理解しやすく、異性は魅力がある」という一般的な原理があるが、意識の発達した人間にもこのことが顕著に見られた。しかし、男女の差が強調されなくなってきた時代には、基本的な感情も環境と学習によって変化している。父親の権威の失墜は、母子固着を生み、特に、母―息子の固着を生む。このことを小此木啓吾は、「わが国では、いわゆる父親不在型の家庭が多くなるにつれて、母子関係段階での人間関係をもっただけで、幼稚園や小学校に入ってくる子どもがだんだん多くなってきている。その場合、一対一の関係はもつことができるにしても、友だちと先生と自分、複数の友達と自分との関係という三者関係に適応することができない」[22]（56頁）子どもの増加現象を指摘している。

現代は父—子どもの関係がますます希薄になり、母—娘の関係が難しくなる時代である。母から娘に伝えられてきた、家庭での女文化の継承が途絶えるようになってきた。父—娘のインセストは、母親（妻）がスーパーウーマンであることと関係するという研究があるくらいである。男女平等感は、若者の性行動に変化をもたらしている。若者に精子の減少が見られるようになり、「雄はばらまき、雌は選ぶ」という、動物の共通した感覚もなくなっている。このことは体型にまで影響を及ぼしている。最近は、後ろあるいは遠くから若い男女をながめると、どちらも同じような服装をし、同じような髪型をしているので、男女を区別しにくい。「昔に比べたら女は胸も腰も尻も小さいし、男の筋肉や肩は昔ほどたくましくもない」[74]（362頁）との指摘さえある。

性別による役割分担の平等化は、女であっても育児や料理や家事が下手な女性を輩出する。同時に、それが得意な男も出現する。妻のほうが夫より社会的な力や実力のある夫婦は、夫のほうが会社を辞めて、妻の秘書役をする現象も現れている。近未来には、過去の性役割にこだわらず、いろいろな役割分担の形が、個々の組み合わせに合致するようになるであろう。たとえば、父親が、権威的な役割を演じることをやめて、だんだん自分の妻、すなわち母親と自分を同一化する傾向にあるように思われる。女が「男性化」し、母性と距離を置くようになってきたのと時を同じくして、若い男の間に、母性とはいわないまでも母親的に子どもと接したい欲望が現れている[2]（356頁）。現在では、公園で小さい子どもに父親が食事をさせ、その横で母親がタバコをふかしているような光景をしばしば見かけるようになっている。今後は、男がよい父親となり、母親が子どもと接することによって生じる歓びや、負担、不安、犠牲を、女と公平に分かち合わざるを得ないだろう[70]（360頁）。今はそれまでの過渡期であり、世代によってジェンダーのイメージが相違しているので、混乱を呼んでいるようである。

(5) 夫婦や社会にとって子とは何か

日本の伝統的な子育て観は、植物（農作物）を育てることのアナロジーで捉えられていたようである。事実、江戸期の育児書は、たびたび子どもの育つ様子を植物にたとえているし、また明治期には、養蚕と子育てを類比させているものもある。これも「育てる」営みの共通性を捉えているのである。「育てる」行為で最も重要なのは、育つという自然の営みを中心におくことであろう。それは手をふれることのできない領域であり、あえていえば神様に頼むほかない領域である[120]（横山浩司、186頁）。それに対して、工業化と都市化の中での近代的育児は、むしろ工と商の論理、つまり「作る」と「売る」によって捉えられるようになっていったと言えよう。昭和の初期でも都市で子育てされていた方々のお話は、どこかＪＩＳ規格のような標準を意識し、こうやったらよいか、ああやったらよいかと工夫し、それなりに能動的に働きかけてゆく姿勢が感じられる。そこには、子どもが育つことへの、あるいは育つ子どもへの基本的な信頼を失いかける契機があったように思われる[120]（187頁）。

その上、昔は、子育てに関わる親は、もっとたくさんいた。出産の時の「トリアゲオヤ」から始まり、初めての乳をもらう「チオヤ」、名前をつけてもらう「ナヅケオヤ」などは、日本全国、広く見られた習わしであった。こうした複数の親子の結合が、共同体のひろがりを作っていた。そして、子どもは、これらの結びつきの中で育てられていったのである[120]（92―93頁）。地域社会が子育てを支援していると、子育ては容易になる。親の子育て上の歪みが自然に緩和されるからである。現在の子育ての難しさの一因が、地域社会の崩壊にあることがわかる。

もともと類人猿の多くや人間は地域（群れ）の中で子育てをしていた。そのため、雌たちの間の絆は、雄たちの間の絆より強い、と言われている。ミッチェルは、「女性同士の結びつきは男性の場合より強く、より自発的で、互いに信頼する点でより開放的であるように思われる」[103]（129頁）、「女児および成人女性は、男児および成人男性よりもいっそう親密な友人関係をつくる」[103]（148頁）、「中年の男性は何か特定の理由で集まるが、女性は単に集まるために集まるように思われる」[103]（129頁）、「サルと人間との接触でも、雌サルと人間女性とは、雄サルと人間男性との間よりも、目と目を合わせることが多い」[103]（149頁）と述べている。

男女平等思想の普及は、女性の能力による社会進出を豊かにし、女性の働く意識を変化させた。昔は、女性が働くのは生活のためであり、それは夫の経済能力の低さと関係した。女を働かせる男は甲斐性がないと見なされていた。夫婦と子どもによる核家族は、夫は仕事、妻は家庭という性別役割分業によって経済機能を夫に一任し、家庭機能を妻に一任することで何とか維持されてきた。それは三世代同居家族のしがらみから嫁を解放し、夫婦単位の家族という新しい家庭の理想像とされた時代もあったが、「家庭のなかで居場所を失った夫と家庭に閉じこめられた妻という新しい問題を生じさせた。また、経済的な理由からであれ、自己実現の要求からであれ、多くの女性が家庭外の労働に出るようになり、性別役割分業にもとづく核家族は変化を余儀なくされている」[81]（山下景子、219頁）。

現在の働く女性の動機はいろいろである。芹沢は、それらをパターン化し「男性並みをめざす『キャリアウーマン型』、仕事を結婚までのつなぎの期間とみなす『腰掛け型』、第三の型である『ニューキャリアウーマン』たちは、仕事や結婚にふりまわされるのを拒否する。自分のライフスタイルのなかに組み込んだかたちで仕事も結婚も考えようとする。生活を楽しみ、自分らしく、女性らしい（男性とは異なる）ワーキングスタイルを求めている。転職意識は強い」[57]（108–109頁）と述べている。

では、今の女性はなぜ働くのか。一つは、女性の教育レベル、野心、あるいは欲求不満によって、女性の感情がきわめて多様であり、能力のある女は仕事ができるし、仕事をしたくなる。女の従来の仕事とされた家事労働では、自分の能力が開花しないし、能力のある女は、それまでも男と同じように、あるいはそれ以上に勉強してきているからである。第二は、女性たちは、仕事をとおして人間として豊かな体験をし、人格を豊かにしていく、このことのために働くのだ。家庭から社会に出たのは、まず自分の人生を豊かなものにしたいという願いからであり、それが家庭の中に反映することを望んでいるからである。子どものことはそっちのけで、なりふりかまわず働くということではなく、働くことによって手に入れた家庭の社会化、開かれた家庭という姿を土台にして、子どもたちに人生の意味を教え、人間的な体験を深めさせることができると信じて働くのだ。自己実現とか自己確立は、家族との関係から切り離したところにはありえない。切り離した場合、家族に何かが起こる。共働きはバランス感覚である[35]（東山弘子、209頁）。

女が働くことと男が働くことの最大の違いは、妊娠・出産と子育ての必要性の質である。特に、妊娠と出産は今のところ女にしかできない。現在は、子どもを産み、育てることが、あくまで個人の自由意思にゆだねられるかわりに、今度は、育てることも個人の自由と同時に責任であるというのが、今の自由競争社会である[23]（222頁）。家庭の外で働く母親が抱える第一の問題は、三歳以下の子どもの保育である。この問題には二つの側面がある。子どもを誰に預けるかという物理的側面と、子どもが果たして幸福であるかという精神的側面である。そして、子どもにとっての母性のところでも述べたが、働く母親たちは、子どもによって個人差はあるにしろ、現実に子どもにとっての精神的危険を犯しているのである。というのも、変化によく適応する子もいれば、適応しない子もいるし、脆い子もいれば、それほどでもない子もいる。明治時代以来、わが国では社会の関心は子どもに向いてきたが、現代の社会は『子ども中心主義』的ではなくなってきているように思われる。「良きにつけ悪しきにつけ、子どもの地位は、今までよりは特権的なものではなくなってきている。一八、一九世紀的な子ども中心主義は、われわれの目の前で終わろうとしている」[70]（355頁）。私たちは「一八世紀にフランスに存在していた、子どもが軽んじられ、犠牲になるのと同じ状況に直面しているのではないだろうか」[70]（338頁）。

子どもの心理的運命はなによりも両親の心像がたがいに示す関係に依存する。まさにそれによって、親の不和は子どもにつねに害を及ぼすし、また、「どんな思い出にせよ親の結合の不釣り合いな性格についての明瞭な認識にもまして子どもの記憶のなかで敏感にとどまるものはないとしても、こうした不和のもっとも秘めた形態でさえやはり有害なのである」とラカンは指摘している[125]（162-163頁）。境界例の両親の特徴として、清水将之は「父親は自らのことのみを考え、育児責任を放棄したような人であり、母親は言うなれば夫から無視されて子どもにしがみついていった女性と読める。夫と妻との視線が合わぬ、同居の他人の如き夫婦とでも表現できようか」[3]（193頁）と述べている。マスターソン（Masterson, J. F.）は青年期境界例者の母親もまた境界例患者であることが多いと言う[3]（清水将之、201頁）。「アダルト・チルドレンである親は、子の人生に侵入し、子は親のように生きる。子は時々親を憎み、呪い、彼とはまったくちがった人生を歩もうとするが、結局のところその軌跡は、親のそれの鏡像のように左・右だけがちがった同じ形を描いて終わる」[42]（108頁）と斎藤は述べている。米国の子どもの精神分析の多くは被虐待児の運命の変革に置かれている。このような家族状況から、衝動的で、情緒不安定で、人間関係のトラブルを繰り返すパーソナリティ発達の未熟な子どもたちの存在が、精神病理現象として大きな問題になっている[21]（198頁）。現在の日本はだんだん一五年前の米国のこのような状況に似てきたと言えないだろうか。

現在の社会は男性中心と言われている。それはそのとおりであるが、職場が男性ばかりの時、男性の大部分はルーティンワークをしていた。今でもそうであるが、創造的な仕事を社会でしている人は、三パーセントに過ぎないと言われている。女性が男性の職場に入った時、女性の能力にかかわらず、職場は男性のヒエラルキーの最下層に女性を組み込んだ。そのため、女性がいちばん創造性のいらない仕事をあてがわれることになったのである。現在は、次第に能力によって仕事の種類を割り当てるという、もともと男性社会がもっていた基準を女性にも能力に応じてあてはめるようになってきた。このことは、当たり前のことだが、ある程度社会で活躍する女性になるためには、男性のそれと同じ能力を必要とするようになった。「女性がこのような生き方を実行していくためには、職業上のある程度の専門家になるとか、キャリア・ウーマン的な生活能力がないと、なかなか難しい」[21]（185頁）時代になったのである。能力のある女性には、仕事がしやすい社会になったが、そうでない女性はまだまだ女性差別もあって、男性にとっても意義の感じられない仕事や嫌な仕事を割り当てられることになっている。

父の存在意味について、次のような報告がある。「健康な家族は、家族にとって父親の存在感が強い。母子三人そろっての話題は、父親にまつわる楽しいものが多かった。ふだん父親は忙しく、夕食を一緒にとることは難しいが、家にいる時には必ず全員で食卓につく。食事時は、テレビを消して話し合いの場としている。開放的で明るくかつ柔軟性に富む家族である。この家は外界に対しても開放的で、子どもの友人の出入りも多いようである。母親に、父親（夫）のことを尋ねると、嬉々として話し出し、積極的に夫の写真を見せたり、父親をほめていかに自分にとってもったいないほどの素敵な夫であるかを伝えようとする。家族の個人（特に子ども）の主体性が尊重されている。誰か他の成員が代弁したり、話を横取りすることはなかった」[66]（72–81頁）。

このような理想の家族もまだまだ日本には多いが、日本の男性は、結婚後も母の息子であることが多く、女性と男性の付き合いが下手である。だから、「結婚後も一つの家庭に物理空間的には一緒にいても、日本の男性は、夫婦協力して一つのことを行うことが下手である」[21]（140頁）。核家族化し、夫婦単位で暮らす人々が増加しているが、日本では、死に至るまで夫婦で暮らし、配偶者が亡くなったら一人で暮らすというレベルまでの個人主義にはまだ至っていない。須藤は、「日本とミクロネシアで、父系社会での女性の自立、母系社会での男性の自立という動きが顕著にみられる」[55]（267頁）と言う。われわれが、母系社会の女性の生き方から学ぶとすれば、女性の自立は、経済的裏づけのもとに、家事・育児の共同、女性の社会的連帯というしくみを女性自身が作りだすことであろう。

では、父親が権威を失い続けている間、母親は家庭の中で権威を確立してきているのだろうか。そうではなく、父親と同じように家庭の中での母親の存在そのものも揺らいできており、自らの存在に自信をもてなくなってきているように見える。これは日本だけの現象ではなくて、文明世界共通の現象である。一つには、母親の多忙と社会進出が関係し、文明国では子どもは小さい頃から母親と切り離された生活を送っている。それと、少しうがった見方をすれば、文明国がここ数十年間平和だったことと関係しているのかもしれない。自然のままだと女性は男性より強力になる。たとえば、「人類以外の霊長類のあらゆる種では、雌雄の関係が一夫一妻的であるものほど、雌の権力が強い」[103]（160頁）。

人間が他の霊長類と決定的に異なる点の一つは、政治的な同盟関係の発達である。人間はまた、儀式を他の霊長類よりもずっと多く用いる。「女性が強くなったと言っても、群れの防衛は霊長類の生存に対する雄の最も重要な貢献である。戦争が始まると、男の優越性が増し、男を賛美し女を従属させる儀式が行われる」[103]（162頁・239頁）。戦争に関わる儀式は多い。社会全体が参加する儀式となる。戦前の軍国主義の中、日本が侵略した国にいち早く神社を作ったことを考えてみると、このことがよくわかる。戦後の平和期間の長さ、社会体制の硬直化と父権の弱体化は関係しているかもしれない。最近の父性復権の掛け声と「神の国」「銃後の守り」などの首相発言とが関係していると思うのはあまりにも妄想的だろうか。無意識の潮流というのは、恐ろしいものである。

2　子どもにとってのおとこ性とおんな性

雄にとっては、我が強くて、性急で、移り気で、相手をより好みしないことが有利である。理論的には、雌にとっては、内気で、相手が最良の遺伝子をもつ雄だとわかるまでさしひかえていることが有利である。雌雄で子どもを育てる種では、雌にとっては、交尾後も自分のもとに留まる見込みの多い雄を選ぶことも重要である。雄と雌は、子孫を残す経済学からして違っている。これを子どもの観点から見ると、子ども中心で、雄・雌の性質を殺し、父性・母性によって育てられることが理想である。子育ての生理学と経済学は、その根底に、お互いの利害の違いを内包している。おとこ性が父性より勝てば、妊娠中や授乳中に、雌が雄への関心を失っている時に、浮気するのが優れたオス性である。また、おんな性と母性が対立する簡単な事象は、「女たちは、子どもに乳を与えると自分の一番の財産である美貌を失うと主張する。授乳は胸の線をくずし、乳房をやわらかくしてしまうと考えられていた」[70]（81頁）ことで象徴されている。むろん、このような単純なことでないことを承知した上だが。

子どもにとって、特に思春期以前では、母性や父性は必要であるが、おとこ性やおんな性は必要ではない。むしろ嫌悪の対象になる。思春期女性が父親に反抗的になるのは、自分の中のおんな性の目覚めとともに、父親の中のおとこ性に対する感受性の鋭敏さが増大するからである。NHK朝の連続ドラマ『私の青空』で、未婚の母から生まれた子ども「太陽」は、母親の中におんな性を見た時に、父親のほうに家出をしている。そこでまた、父親のおとこ性を見せつけられた時に、母のもとに戻りたくなっている。子どもにとって母親のおんな性や父親のおとこ性が、嫌悪の対象になることがうまく描きだされている。

動物の場合は、哺乳・育児期間は、雌はふつう発情しない。二年間の保育期間をもつ白熊やヒグマは、雌の発情を促すために、雌が連れている子ども（自分の遺伝子をもっていない子ども）を、雄が殺すことが知られている。これは、子育ての終わりと子別れ・発情が関係しているからである。人間の場合は、子育て期間が長い上に、発情期間が他の哺乳類のように明確でないため、子別れが明確でない。このことは、子どもが母から分離するのを認めないような母親、いわゆる「飲み込む母親」を生むと同時に、両親の中に、父性・母性の軸とおとこ性・おんな性の軸を混在させることになる。フロイトが原光景を神経症の原因になるトラウマとしていることに、この混在が大きく関係しているように思われる。そして、人間の子育てが長期に及ぶことの他、人間が哺乳類なので、遺伝子的な結びつきが父子関係より母子関係に濃密であるため、母親・女性に特に影響を与える。古来、女性の不倫は男性のそれより大きな罰が与えられている。このことは幼い子どもに対する母性の発動が社会的に要請されており、おんな性の否定とどこかで関係しているような気がする。また、古くから売春婦と言えば女性が男性に対してするものと決まっていたが、現在では、売春夫と言われるようなホストが出現してきている。この現象は女性の自立や非婚と関係しているのではないだろうか。性が、結婚や生殖からますます距離を置き、特に、女性の非婚化は、一方で未婚の母を生み、もう一方でホストや愛人の出現を生んでいるようである。それを社会的に合理化するような「ダブルインカム・ノーキッズ」のような結婚のあり方も生まれている。このような生き方は今に始まったのではなく、もともとは貴族の女たちの生き方の一つであった。このことは、特権階級の女たちが、彼女たちにいささかの感謝ももたらさない家事や母親の仕事に囲まれて、家の中でくすぶっているよりも、家の外で頭角を現したいと思っていたであろうことは、容易に想像がつく[70]（90頁）というものである。むろんこのことはその国の風土や文化とも関係する。スペインやイタリアの女たちとは違って、フランスの女たちが、好きなように行動する自由、世間と交流をもつ自由をもっていたことはたしかである。フランスでは子どものいない生き方を最初に実践したのは貴族の女たちであった[70]（87頁）のである。

原始状態に近ければ近いほど女は子どもに乳を与える。同時に、母親たちは代理乳が可能になるやいなや、子どもを他の女の乳房にゆだねてしまう。国が物質的にも文化的にも豊かになればなるほど、母親たちは、母親という地位からいっそう離れていく[70]（177頁）。これらのことは、代替乳の進歩、子育てより自分の人生を豊かにしたい願望、財産による代理保育の可能性が、文明の進歩とともに容易になるからである。母より女を選ぶことが可能になる。このことは、また、文明の進歩とともに、母性愛が本能から感情レベルに基づくことを示している。母性愛は人間的感情にほかならないレベルになるのである。あらゆる感情と同様に、母性愛も不安定で、脆く、不完全なものである。おそらく母性愛は、女性の本性に深く刻み込まれているわけではない。母親の態度の変遷を観察すると、子どもに対する関心や献身が現れたり、現れなかったりすることが認められ、また、愛情がある場合とない場合があることが認められる。母性愛はプラスになったり、マイナスになったり、あるいはゼロになったりというふうに、さまざまな形をとって現れる(70)（7頁）。

国際婦人年に集まった女性の集会で、ある女性が「われわれがここに参加するために、われわれの子どもの世話を他の女性に依存していることをどのように考えるのか」、「われわれはそのような女性を踏み台にして、このような高踏的な議論をしているのではないのか。少なくとも、そのようなことを自覚し、意識しているのだろうか」と発言すると、一瞬会場が静まり返ったことがあった。このことは、「母性を棄てるという女たちの行為を理解するためには、当時、母親の仕事は社会からまったく注目されず、なんらの価値をあたえられていなかったということを思い起こす必要がある」(70)（85頁）のと同時に、女が女を差別する可能性も考えなければならないことを示唆している。

おんな性を生かそうとすると、どうしても母性が犠牲になる。バダンテールが述べているように、「才女」たちはひたすら教養と知識の道を歩んだ(74)（96頁）。「才女」たちは、結婚と母性に対しては真っ向から敵対したが、恋愛は放棄しなかった(74)（92頁）。才女や女学者たちは家政を軽んじ、ひどい主婦という印象を残した(74)（97頁）。そして、フェミニズムは最初の戦いに勝ったが、忘れてならないのは、彼女たちはその際に子どもを犠牲にしたということである(74)（91頁）。

アメリカの平均産児数は、一八〇〇年には七・〇人だったが、一九七一年には二・三人になった。

女性が家事以外の仕事にたずさわるようになったことが、この変化をますます助長した(103)(83頁)。女性は、結婚に代わる道が開けている時には結婚を遅らせる。女性の収入が高ければ高いほど、結婚する率は低くなる(103)(116頁)。逆に、アメリカの女子の一五～一九歳層の出産は一九四〇年から一九六〇年の間に二倍になった。こういう若い母親の場合は、母子ともに死亡率が高く、異常出産の確率も高い。たとえ母子とも妊娠と出産により肉体的な障害を受けない場合でさえ、貧困、離婚、子捨て、児童虐待などが、一〇代の親では、もっと年長の親の場合より多く起こっている。われわれは、子どもが子どもを産む社会と、それに伴う不適当な妊娠と不適当な親の台頭する社会へ徐々に向かいつつあるのかもしれない(103)(88-89頁)。これらの結果は、女子の情緒的安定、能力、家庭・社会環境によって、出産の二極化が起こっていることを示している。後者の場合は、母子ともに貧困と不幸の再生産をもたらし、大きな社会問題となりつつある。

3　わが国における母性軸・女性性軸の変化と子どもへの影響

母性と女性性はある種の拮抗性をもつことはすでに述べた。ここでは、母性優位の軸を母性軸、実践性優位の軸を女性性軸とする。バダンテールのフランスにおける子どもの扱いと母性強調の歴史を見ると、女性性軸と母性軸は一〇〇年の周期をもっているように思われる。また、母性軸と女性性軸の変化は子どもに対する態度に影響する。それは、二五年で〇歳児が次の若い親の中核になり、三代で一つの影響が終わり、四代目（一〇〇年）で、新しい波動が始まる、と考えられるからである。むろん、これはここ二〇〇年間のことだが、それでもこの周期は、昔も今後もあまり変わらないような気が筆者にはしている。それは、科学の進歩は加速されているが、人間の心や文化の基底は、一〇〇〇年前とあまり違わないような気がするからである。変化の度合いからすれば、社会・文化・遺伝子の順で変化の度合いが早い。

この周期は、わが国のいろいろな現象にも当てはまるように思われる。たとえば、わが国における民主主義の浸透の変化を見てみると、戦後の民主主義の起こりは、一九四五年の敗戦による。そして、そのピークは二五年後の一九七〇年である。この年の前後で、「東大の安田講堂の攻防戦」を象徴として、日本のすべての大学で紛争が起こっている。そして、それをピークとして、このような過激な体制破壊は終息している。森総理大臣の「天皇を中心とする神の国」「銃後の守り」発言は、少しは話題になったが、もしこれが一九七〇年前後であれば、おそらく倒閣に至るような大事件になったであろう。現実感覚のしっかりした政治家は、このような発言をしなかっただろうし、時代がそれをさせなかったと思われる。その意味で、民主主義が定着してきたとも言えるし、富裕階層の定着化と貧富の差の拡大傾向が再び生じる局面に入ってきたともいえよう。少し横道にそれたので、母性と女性性軸に戻る。

図2は、日本における母性と女性性の強調の変化を筆者なりの考えで図式化したものである。図の原点は、母性と女性性が五〇対五〇でバランスがとれていることを示している。グラフは、上に行くほど社会が母性を強調し、下に行くほど社会が女性性を強調していることを示す。上限

や下限が五〇なのは、まったく母性的だけの状態やまったく女性的なだけの状態には、女はなれないからである。女たちは、家庭内での母親としての役割と外界へ向いた女としての役割の二元性をより強く感じている[74]（331頁）からである。

　わが国では、明治になって、武家社会をモデルにした「良妻賢母」が、庶民に定着してくる。一応の定着と考えられるのが明治中期である。江戸時代の「おんな大学」は、武士階級や富裕層を対象にしたものであったのに対して、公教育の普及は、家政学を次第に庶民階級に普及させていった。一八七五年は、母性の強調のピークである。明治一〇年に来日した、お雇い外国人教師エドワード・モースは、『日本その日その日』の中で、「赤ん坊が泣き叫ぶのを聞くことはめったに無く、母親が赤ん坊に向かって癇癪を起こしているのを見たことが無い。私は世界中に日本ほど赤ん坊のために尽くす国は無く、また日本の赤ん坊ほどよい赤ん坊は世界中にないと確信する」[120]（58頁）と書いている。明治時代はこのような日本であ

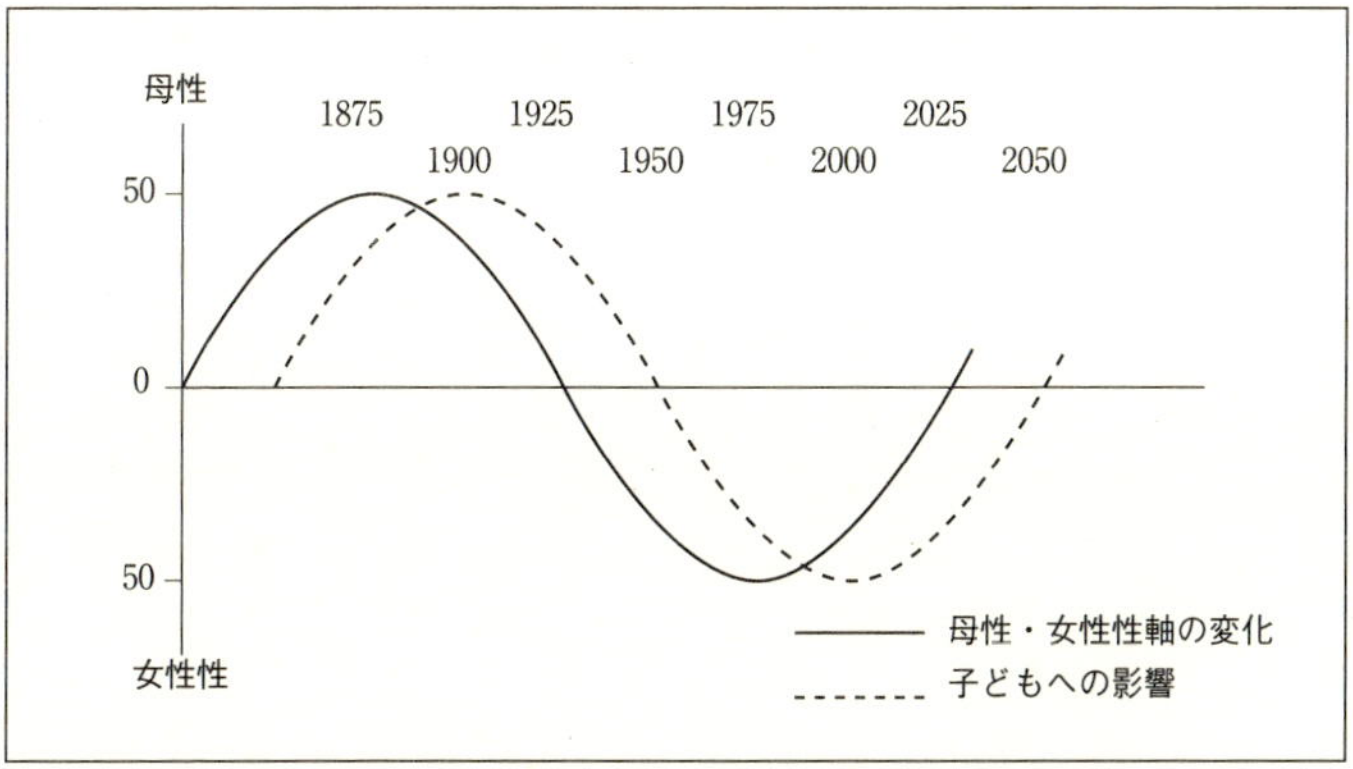

図２　日本における母性軸と女性性軸の社会的変化と子どもへの影響

ったようである。大島渚が自分の母を振り返ったあるテレビ番組で、明治の母はミリ単位の心遣いがあり、大正になるとそれはセンチ単位になり、昭和になるとメートル単位に荒くなった、と述べていたように、大正・昭和となるにしたがって、女性性軸が強調されるほうに向かっていった。東山（二〇〇〇）が述べているように、「明治の母」「大正の母」「昭和第一世代の母」「昭和第二世代の母」によって、子どもに対する接し方が変わっていく。女性性の強調により、女性の生き方が変わり、それによって子どもの様相が変わってくる。女性性と母性の軸の変化は、二五年遅れで、その影響を子どもに落としている。

図2を検討しよう。昭和三五年くらいからの高度経済成長の始まりと、六〇年安保の国民的盛り上がりが、中ピ連の活動に象徴される男女平等思想の普及の高まりの初期である。これは、一九六〇年代、シモーヌ・ド・ボーヴォワールの『第二の性』が出版されてからほぼ一〇年後、重要な女性解放運動がアメリカで生まれた[(74)]（322頁）のと時を同じくしている。「戦前」が払拭され、経済が活発になり、男女平等と女性の社会進出が強調されるピークが昭和五〇（一九七五）年である。今は、中ピ連や過激なフェミニズムはピークを過ぎて、それが浸透し始めている時期になっている。現在の思春期の子どもは、母親が女性性軸にいちばん傾いたときの子どもたちであり、いい意味でも悪い意味でもその影響を最大に受けているようである。

才女たちが初期に方向づけたことが、国民のレベルにまでなるのに、一五年から二〇年くらいかかるのである。それはアメリカで流行した思想や服装が日本に浸透してくる年月と奇妙な一致を見せている。そして、このような女性の心の変化が子どもに影響するのに、二五年かかる。それはその思想を空気のように感じる層が、結婚して子どもを産むようになるのに必要な期間でもある。女性たちの意識が女性性に偏って二五年経った今日、子どもへの影響が色濃く現れている。今日の子どもの問題は、母性の喪失や親子の絆の希薄化と関係していることは、問題行動の現れ方を見てみると明白なような気が、筆者にはしている。

小此木啓吾は、このことを「表面的には夫婦円満に暮らし、家庭の主婦として伝統的な核家族の中で暮らす、いわゆる健全な核家族の形態をとっている母親の、母性的養育能力の欠乏が深刻になっているのである。つまり、最も現代的なマターナル・ディプリベーションは、むしろごく普通に暮らしている子どもたちと母親との間で生じているのである」[21](238頁)と指摘している。女性犯罪は増加しつつあり、男性と女性の逮捕数の比は、一九六〇年には八対一だったが、一九七三年には六対一になった[103](208頁)。だんだん犯罪数も内容も男女差がなくなりつつある。なんとも怖い話である。

母性と女性性の強調軸の変化は、婚姻制度の変化をベースにしている。ラカンが指摘するように、「婚姻のきずなにおいて個人の自由な選択を全面に押しだすことにより、結婚のために家族制度の社会的優位をひそかに逆転させた。この逆転は、一五世紀に経済革命とともに実現され、そこからブルジョワ社会と近代人の心理が生じたのである」[125](103頁)。制度から自由になった結婚は、動物のそれを見ていてもわかるように、女性主導になる。日本ではこれが第二次大戦後に起こってきたのである。そして、世界的な傾向としては、一八世紀以来、母親の責任がいちじるしく増大したために、父親の影は薄くなった。一七世紀にはあんなにも大きかった父親の重要性と権威は凋落の一途をたどった。というのも、家庭内でリーダーシップをとった母親が、父親の任務をどんどん奪っていったからである[70]（271頁）。

いま米国で起こっている父娘姦は、女性がスーパーウーマン化することと比例して起こっている[23]（64頁）、と小此木啓吾が指摘しているが、母親の娘に対する保護の低下とともに、母親がスーパーウーマン化することによって、父親が卑小化したおとこに成り下がるのかもしれない。しかし、日本の場合は、娘が抱く心情としては、「インセスト少女たちの作文に現れた母親は、冷淡な人でも自由奔放な人でもなく、暴力や貧困の犠牲者として、殴られ、蹴られ、虐げられて泣いている、無力な人である。そして、母親の問題行動を激しく非難している少女は少ない」[35]（藤田裕司、63頁）となり、母性文化の母娘関係の一端を表しているのではないだろうか。同時に、まだまだ、女性が社会的に抑圧されている姿であるとも言えよう。

土居の「甘え」理論をはじめとして、わが国の依存性はかつてないほど批判されてきた。それと反比例して、自立が強調されている。特に、女性の自立が強調されてきた。しかし、比較的自立して、夫もいるし子どももいるけれど、国際的に活躍したり、時代の壁を乗り越えて活躍したりしてきた女性たちには、意外に甘え上手の人が多い[21]（11頁）という小此木の指摘を今一度考える必要がある。自立と孤立は異なる。自立しようとするあまり孤立する人々が増えている。土居自身、「日本の甘えもよいものだ」と最近言っていると小此木啓吾が述べている。母親が孤立していては、子育てはうまくいかない。前述したように、地域が子育てに関わっていた時代は、子育ては今よりずっと容易だった。自立と孤立、依存と自立の質を考える時に来ているようである。

4　日本文化に横たわる母性のあり方

山村は、「日本における母親は、単なる幼児体験の域を越えた存在として、子どもが『社会化』され、おとなになり、さらに死ぬまで、終生影響を与え、日本人の行動を規定しているものとみなされているようである。しかもそのことは、特定の母子関係をはなれて、社会的一般的に強調される傾向がある」(115)(146頁)と言う。それは、「母は自分を無にして子につくす」「母にとって生き甲斐は子である」「母は子が自分から独立し、離れてゆくことを避けたがる」「母は哀しい存在だ」「母子の関係にとって、夫はあまり積極的意味を示さない」「母は子のために、しばしば夫との関係で苦しい立場に身をおく」「母は子に愛着する」「母は子のためにあえて厳しくする」「母は子を業績達成にかりたてる」「母は子にとって心の支えとなる（母のおかげ）」、「母は最後のよりどころであり、救いである」「子は母を悲しませることを避け、何かしたとき母に喜んでもらいたいと思う」「母はありがたい価値的な存在だ」「子は母に愛着を示す」「子にとって父より母との関係のほうが濃密である」「母は心から甘えられる存在だ」「母を呼ぶコトバそのものが感動的だ」「母は許しを乞うような存在だ」「母に対して子はいつまでたっても子どもだ」「子は母のために業績を達成しようと思う」「子は母の苦労を、ともするとあたりまえのことのように思う」(115)(151–152頁)などと具体的に指摘されている。演歌の主題に母が歌われていることからも、日本文化の底流に母性文化があることがわかる。しかし、文化のレベルはともかく、具体的な母子関係ではこのようなイメージがずいぶん変化しているのではないだろうか。たしかに、小此木啓吾が指摘しているように、日本の子どもの一部に現れている精神病理現象は、アメリカの衝動的な子どもにくらべてはるかに無気力で無意欲で、能動的な生活意欲に乏しい、受身的な子どもたちの出現として現れている[21](199頁)。と同時に、日本特有の現象として、母親に暴力をふるう家庭内暴力も見られる。

戦前の日本の母親は父親に隷属していたと言われている。女大学には「幼きにしては親に従い、嫁しては夫に従い、老いては子に従う」とあり、女性の歴史は従属の歴史であった。しかし、これらは制度に支えられていた、と言うほうが論理的な気がする。明治になって、女性からの離婚が認められるようになると、離婚が増加した。明治六年の太政官布告によって妻の離婚請求が認められるようになってから明治三〇年に至るまでの初期の離婚率はきわめて高く、明治一六年が最高で三・三九パーセントである[3](217頁)。この時の離婚率は、離婚が多くなったと言われている現在の数倍の高さである。だから、「日本の母親が、しばしば父親に隷属していくとみなされても、それは相手に帰依したためでなく、制度的な面からの圧迫が、有無をいわさぬ力を発揮していたと考えるほうがよさそうである。このようなとき、母親は家長としての父親に、精神的な意味において帰依するのではなく、波風を鎮め、同時に自分の身を守るために、これに逆らわない。あるいは、むしろ積極的に、これを立てるのである」[43](28頁)と佐々木は述べている。日本の家族において夫＝妻の関係は、特に情緒的な面において、妻（母）＝子どもたちの関係に比べて、はなはだ弱いものであった[43](54頁)。今でも、男性社会だと思われている、ヤクザ・相撲・旅館業で、女将さん、あねさんの存在の重要性は変わらない。むしろ、女将さんがしっかりしていないと成り立たない社会でさえある。女将さんは組織の調整役であり、組織をまとめていく要なのである。日本の家族はもともと夫婦家族と言うべきではなく、むしろ、母子家族と言うべきだろう。このような家族が社会の下位システムなら、イエモトという上位システムもまた、その性格は母子集団と呼ばれるべきものである、とさえ佐々木は言う[43]（57頁）。そして、調停者としてのその行動様式は、つまるところ、日本の家庭の母親の行動とよく似ている。会社の幹部や政党の親分は、この点において家庭における母親の単なるコピーと思えてくるほどである[43]（83頁）。日本のリーダーには、女性性が必要だと言われているが、これは女性性と言うより母性と言ってよいものではないだろうか。

第Ⅱ部　現代日本女性の葛藤と個性化——事例研究を中心にして

一、母性イメージの歴史的展望と現代的諸問題

1　歴史的観点から見た母性

(1)　神話における母性

横山博によれば、日本神話の中では、単なる母の情を越えて新たな〈意識〉を産みだす「肯定的母親イメージ」が強調される。[121]横山はさらに次のように論及している。

イザナミは日本の国土を産みだし、火の神を産んだ後、死亡し黄泉の国へと赴く。オオケツヒメは食物を取り出し殺された後、日本の民に農業の基礎を残す。コノハナサクヤヒメとトヨタマヒメは天皇の祖先を残すことで多大な役割を果たした。その他オオクニヌシを救ったサシクニワカヒメ

など、多くの女神のすべてに言えることは、産むことと自己犠牲的に身を引くことがその中心的役割として評価されており、そういう意味で母性の「肯定的側面」が強調されているということである。自分の心の中の「醜い否定的側面」を一心に生きようとせず、新しい意識のために自らを犠牲にする典型的な母親像がうかびあがる。

西欧神話に見られるような「否定的側面」まで精力的に生きる女神の姿はまれであり[121]（96頁）、日本の集合的無意識はことさら排除的に「母親元型」の「肯定的側面」にのみ光を当ててきたとも言える。

河合によると、アマテラスはアテーナーとの強い類似性が指摘されている。アマテラスは、日本に最初に現れた三柱《みはしら》の神の一柱であるタカムスヒノカミと共同で権威をもち、しっかりと高天原を治め、自分の孫であるニニギをこの国に降臨させる。ニニギとの関係と暴力的なスサノオとの接触をとおして、アマテラスは「父の娘」から、成熟した女性へ、そして母親へとみごとに変容した神であると解釈される。

河合によって「デーメーテール—コレ」のような「母娘」関係の記述が古事記にはまったくないことが指摘されている。アジアでは「父娘」関係が「母娘」関係とほぼ同じ役割を果たし、日本における父親像は母として機能しうるという[32]。

(2) 仏教の影響

仏教において女性は「男性を惑わせるもの」とされ、女性を遠ざける修行の中で僧としての深まりが追求された。経典や教えの中に語られる母は「慈母」として描かれ、子を慈しむ肯定的側面が美化され、強調されている。説話として残る「鬼子母神」では、子を貪り食う母の罪でさえ、観音の慈悲にすがり、仏に帰依することによって許されるのだと説いているが、心理学的には、母性の否定的側面を恐ろしい、あるまじきこととして否定しながらも、そういうことがあるのだと知っていた、いわば集合的無意識が働いているのではないかと考えられる。

ともあれ、現代に至るまでの長きにわたって、母性神話が仏教の強い影響を受けて日本人の心を支配し、女性たちを呪縛してきた事実は誰もが認めるところである。

(3) 家族制度の中の母性——自己犠牲性

家族制度は父権制のシステム維持のために重要なものであった。持統天皇の時代に制定された律令制度が藤原氏によって受け継がれ、武家社会が始まる一二世紀には父権社会原理が定着し、一族の長男が家督を相続して絶対的な力をもち、他の弟や姉妹、分家した親族は長男に従うように義務付けられていた。女性は男性に従属し、母、嫁として家族制度の実質的支持者の役割に限定され、自己犠牲的な生き方を強いられてきた。すべては「家のため」、嫁しては後継ぎの男子を産み育てること、舅姑に仕え、夫、子どもに仕えることが女の定めとされ、それ以外の選択はなかった。徳川時代に至ってイエ制度は最も強く精巧なものとして完成された。日本の家族制度は家族や共同体の調和と安定性を維持することが優先され、個人を抑圧してきた性質のものであったが、身分の高い一部の階層では固く守られたが、一般のレベルにまでは浸透していなかったようである。西欧のように神と個人が契約する厳しさとは質の違いがあった。明治時代に民法が制定されると、個人レベルで規定されたために実質的には過酷なものとなったと思われる。良妻賢母として生きることがほとんどの女性たちの人生であり、個をもった女性としての生き方などとても考えられなかった。

多くの文学作品や歴史書、教育書の中に、自分の子どもの養育に専念し、もっぱら家族内の出来事に心を砕く、「よき母」像を見出すことができる。これらの母親の最も重大な関心事は、家族の関係性のあり方である。このようなアイデンティティが女性を苦しめた歴史をもちろん否定はできないが、現在のようなアイデンティティの混乱状況から見ると、産み育てることだけで（あえてこの表現をする）大きな価値があるという社会の目は、女性に幸せ感をもって子育てをさせていた一面もあった。しかし、娘たちに「良妻賢母」が女の生き方として厳しく受け渡されていった。

筆者は「母性」機能の一つは自己犠牲性であると考える。それは、私の子ども、またはそれに代わる存在を思いやり、どこまでもその可能性を信じ大切にすることで、自分自身の可能性もまた開かれていく、というものである。自己犠牲性と献身とは、自分の事情や都合を消して子どもの都合に合わせて欲求をみたしてやりながら、恩に着せず、見返りを求めないアガペの愛を実現できることは、子どもとの関係において体験しうるものである。子どもとの関係の中で自分が見えてくる。

自己犠牲と献身の能力が自分の中にあることを喜び、自分と自分の母との関係における抑圧された感情が再現されていることも子どもとの関係をとおして再現されていることに気づかされることもある。いずれにしても自己犠牲性と献身は、一見自分を削るマイナスの行為で、損をしているかのように見えるが、自分自身の可能性が開かれるというプラスの面が大きいことを忘れてはならない。このことを自分のものとなしえた時、母性性と自己性が拮抗するのではなく、統合された形で共存する深い内的変容をなしとげられると考える。

現代日本において、そのような自己犠牲性を可能にするような家族や社会の支援態勢が、子育て支援対策のような国家レベルで始められようとしている。歴史に逆流した自己犠牲性の檻にとじこめない、新しい認識での支援になるように望みたい。

(4) 第二次世界大戦後——核家族化と個人化

旧憲法で守られていた家族制度は廃止され、女性が男性と同等の権利を獲得し、政治レベルでは家族システムの厳しい重荷から解放された。社会は西欧化を求めて急激に変化し、核家族化していっても、人々が家族に求める幸せの中身は今も昔も変わらない。終戦から六〇年近くたった現在でも意識レベルでは旧態然とした「家」意識が支配し、個人の意識との乖離の大きさが心理療法のテーマの一つになっていることはすごいことと言わざるを得ない。

人々は家庭幻想をもっている。[21] 本音が話せて心が通じあう理想的関係にあふれた一家団欒の「ウチ」のイメージが人々の意識を支配し、母性的母親がそのイメージを支える存在として固定化している。フェミニズムの台頭は固定化されたイメージから女性の解放に大きな貢献をし、時代の流れは近代化、国際化の流れに乗って急速に女性の生き方を変えてきている。

2 現代的諸問題

(1) 現代化と家族

現代家族の変貌は急激に進み、一家族の平均が四人に満たない時代となった。結婚によって「一人前」の女性として社会的認知を得たはずであったのに、大家族のわずらわしさから逃れて幸せな家族を作るはずであったのに、現実は社会から疎外され、出産と子育てが疎外感、見捨てられ感、置いていかれる不安をますます助長する。子どもと夫婦だけの核家族で暮らすことが幸せをもたらすというのは幻想だったのか……。

関係の喪失ないしは断絶が学校、地域、職場などの「ソト」で起こっているのみならず、「ウチ」である家族関係でも起こっていることがゆゆしき現状である。家族の成員が少ないことや日本人が西欧的人間関係を構築できるほど自我が確立していないこととも相まって、家族の問題を抱えられる「うつわ」としての機能を発揮できなくなっていることは多くの人が指摘するところである。このような関係の喪失による思春期の子どもたちの心理的問題や犯罪が、現代家族の危うさと核家族の崩壊を予感させる。

(2) 少子化——なぜ子どもを産みたくないか、「母性」と「自己性」の葛藤

文明の発達とともに、生物的、「土の匂いのする」母性、子どもを産み育てることの価値が低くなってきている。それは、現代に生きる日本人女性たちが自我の確立を目指す時、母性がそれを阻むものとして感じられることに由来している。「母性」はよくも悪くも自己犠牲的エネルギーを他者につぎこむことでなりたち、そのことが自己の喜びとして感受されるものであるが、生物的で誰にでもできる当たり前の、レベルの低い、そして過去女性たちが恨みをこめて語る女の哀しみの根源としてのイメージが強い。自分の母を見てもああいう生き方だけはしたくないと思わせられる。一方、自我の確立をめざし、さっそうと社会進出をめざしている女性はあこがれのまとである。このような女性は自分のエネルギーを母性の発揮に浪費せず自己のために使っているという意味で、母性に対して「自己性」と定義してみる。「母性」と「自己性」の間の葛藤状況が現代女性のこころに亀裂を作りだしている。どのような選択をするか、それが女性たちにとって苦しい課題なのである。あれかこれかではなく、あれもこれもが理想であるが、その両立のすさまじさが予測されるので、よほどのモティベーションがなければひるんでしまう。少子化現象は、母性よりも自己性に引っ張られる女性たちが圧倒的に多くなってきていることの現れである。もちろん母性的な生き方

を選択する女性はたくさんいるし、女性性と母性との拮抗を体験せずに両立している女性もたくさんいる。しかし、子どもを産んだら「自分が損をする」と感じる女性や、産むことは拒否しないが子育てのエネルギーは「損失」であると感じる若い女性たちが少子化現象を深刻化させている。人間をトータルな存在として成長を願うならば、自己性を追求しつつ、なお母性をも受け入れて生きることを理想とする女性が多くなり、そのことを可能にする社会を出現させる努力が必要となる。

(3) 共働き

共働きの家庭は歴史的には昔から存在した。農家、商家、工場経営など、女性が労働を受けもつ家庭は当たり前だった。女性たちは労働と子育てをこなしていたのである。職住近在であり、家族制度が生きており、大家族で生きていた時代には、子どもは子ども集団を作り、地域の中で育っていた。わけへだてない目で大人たちの誰かかが子どもたちを見守っていたのである。

しかし、現代の共働きはまったく様相を異にしている。核家族の家庭がふつうで、親たちは仕事をするために家庭から出て行き、仕事が済むとまた家庭に帰ってくる。男性は仕事が絶対的に優先されて家庭に不在の傾向が強く、コミュニティにも子育て機能を果たす大人はいない。すなわちコミュニティが母性機能を失った現代の子育ては一点集中的に母の責任の範囲で行われることになる。

働く女性の数は成人女子人口の五割を越えたが、働くことによって得られる幸せ感はそれほど大きくはない。職場は縦社会であり、男性原理が支配しているので、自己の男性性を開発することに意義を感じていれば多少のストレスはやりがいになるが、そうでなければ相当厳しいのではないだろうか。これだけ厳しい現実であっても、働こうとする女性は増え続けている。女性たちはなぜ働くのだろうか。

女性たちが家庭から社会に出るのは、まず自分の人生が豊かなものでありたいという願いからであり、それが家庭に反映することを望んでいる。仕事をとおして人間として豊かな体験をし、人格が豊かになっていく喜びを味わうために、自己愛的動機づけのもとに働くが、働くことによって手に入れた家庭の社会化、開かれた家庭という姿を土台にして子どもたちに人生の意味を教え、人間的な体験を深めさせることができるはずであると信じて働くのだ。しかし、共働きはどのようにやるかによって家族の変容にも亀裂を深めることにもなるリスクを秘めていて、それぞれの家族関係と個人主義の微妙なバランスによって保たれるという危うさもある。共働き家庭で育つ子どもたちがますます増える傾向にある現在、家庭においても学校教育の場においても母性的ケアに欠ける子どもたちが増えている。家庭における虐待件数が多くなり、子どもに対するケア以上に母親に対する支援が必要とされていることを考えると、保育所を卒業した後の児童と思春期の子どもに対して、組織や地域が個々の母に代替しうる母性機能を発揮することが求められていると考えられる。このように共働きは女性の生き方が変わるというだけにとどまらず、社会的にも家庭的にも男と女の関係を変え、子育てを変えていくことになるのである。

人生八〇年という長寿時代が実現して、四世代ともすれば五世代までもが共に生きる現代の新しい課題として「老親の介護」が浮上してきた。働き盛りの五〇～六〇歳台の女性が、七〇～八〇歳の老親介護のために生活を急変せざるを得なくなってきたのである。家族による介護は女性が自己犠牲的に生きることによって保たれるのである。

(4) 現代日本社会における母性喪失

先に述べたように、時代のうねりはあまりにも早く大きな変化をもたらし、女性の意識変革と社会参加をうながしたが、社会システムや社会の意識変革がそれについていけないためにさまざまなひずみが露呈し、女性のこころにも新しい苦悩と課題をもたらした。すなわち、選択肢が増えたことは選択できる喜びもあるが、選択しなければならないということでもあり、自己選択に伴う責任を負う自我の強さ、個人としての成熟が求められるという事実が見えてきたのである。それに対応できる女性のモデルはまだできあがっていない。母の世代である中年期の女性、娘の世代の思春期女子、さらに高齢世代の女性たちそれぞれが新しい葛藤を抱えることとなった。関係の断絶は深刻で、伝統的な女性文化が伝わらないことが指摘され始めている。

家庭における母性喪失とともに、地域の母性機能も失われたことを指摘した。母性社会における父性喪失は、一九六三年にミッチャーリヒ（Mitscherlich, A.）によって指摘されている世界的な傾向である[104]。わが国においても、一九六〇年代の高度経済成長以来、多忙な会社中心の経済活動に家族が組み込まれていき、父たちを職場にとられて家庭には父親不在が急速に進行していった。

日本は母性的社会であり、組織としての父は存在したが、個人としての父は存在しなかった。けれどもその延長線上で起こってきた母性喪失の現象はより深刻な問題である。ノイマン的な西洋の視点からは、現代の日本は単なる「父なき社会」ではなく、女性の心理発達が各段階でうまくいかない社会であると言えよう。現代日本は、西洋的な「愛」の認識だけではなく、「情」という伝統的な意識がまだ根強い国である。

3　女性のライフサイクルと母性の発達

(1)　円環的発達と複線的発達の二重構造性

フロイトは前エディプス期までは男女ともに同じように発達するという見解をもっていたが、のちに訂正し、女児は男児のエディプス期体験とは異なることを明確にした。

女児は自分が母親から離れた別の人間であることを男児ほど強く認識せずにエディプス期を迎え、依存性を引きずったまま父母と自分の三角関係を維持する。父親へのエディプス的愛着を抑圧しない点でも男児とは異なる。その後は男女ともに自我の発展を目指して能動的な傾向が続き、思春期に至る。しかし、少女にとっては長い間依存していた幼児期の最初の依存対象である母親から独立することが次の課題となる。しかし、生活上の世話をしてくれる母親からの精神的独立は容易なことではなく、母親側も依存関係に満足感をもっているので、少女が母親との絆を切って独立するためには外からの助けが必要になる。そこで少女は、同年輩の仲間と行動をともにすることによって自我の支えを求め、いつまでも子どもでいたいという自己内部の願望と格闘する。同時に、異性としての父親に再び関心をもち始める[113]（三川孝子、95-96頁）。

フロイトの弟子であったドイッチェ（Deutsch, H.）は、長い臨床経験から、女性の思春期における体験は後の母性につながりがあると指摘した。彼女によれば、女の心理は、エディプス・コンプレックス形成前の、男よりも堅固で長期にわたる結合を、母親に対してもっているという事実を土台とし、この時期における父親との関係が少女の攻撃的エネルギーを「マゾヒスティックな性格」へと変化させるのではないかと言っている[63]（25頁）。

現代では女子の心理発達は男子の場合とかなり異なっているという認識が支持されているが、今は既存の理論が見直されている段階で、その内容についてはまだこれからの研究によらねばならない。エリクソンの理論やユングの理論でさえ、男性的アイデンティティを追求して生きようとする女性に限って適用されうるが、すべてをカバーできるわけではないと指摘されており、女性の心理発達は段階的に進むと言うよりはもっと混沌を含んだ別のモデルが必要なのではないかと思われる。

女性は自分の中に子宮という「小宇宙」を抱え込んだ「個の歴史を超越した、宇宙的なつながり」を生きると同時に「原初的なところのつながり」をも生きている存在である。対立するように見えるものを矛盾せずに同時に可能にするような多様な含みをもっているのである。母になっても娘性を捨てるわけではなく、かといってイニシエートされていないわけでもなく、終わりと始まりが同時に円を描くようにつながりながら前に進んでいくようなイメージである。筆者はこのような女性の発達の特性を「円環的発達と複線的発達の二重構造性」と名づけている。これはエリクソンの発達段階のような図式化が難しい。図3は筆者が試みたものであるが、河合の言うように「はじめも終わりもなく、すべてが全体として輪の中に存在する」というイメージである。

　ユングは、「全ての母は自らのうちに娘を含んでおり、すべての娘は自らのうちに母を含んでいる。すなわち、あらゆる女性は母にさかのぼり、娘に伝えられていく[119]」と述べている。母娘関係に関してわれわれが困難を感じるのは、この混沌を含んだ女性のライフサイクルゆえではないかと思われる。臨床家には、輪の中のダイナミズムを読む感性や直感が必要であろうし、輻輳的に捉える視点が求められると思われる。

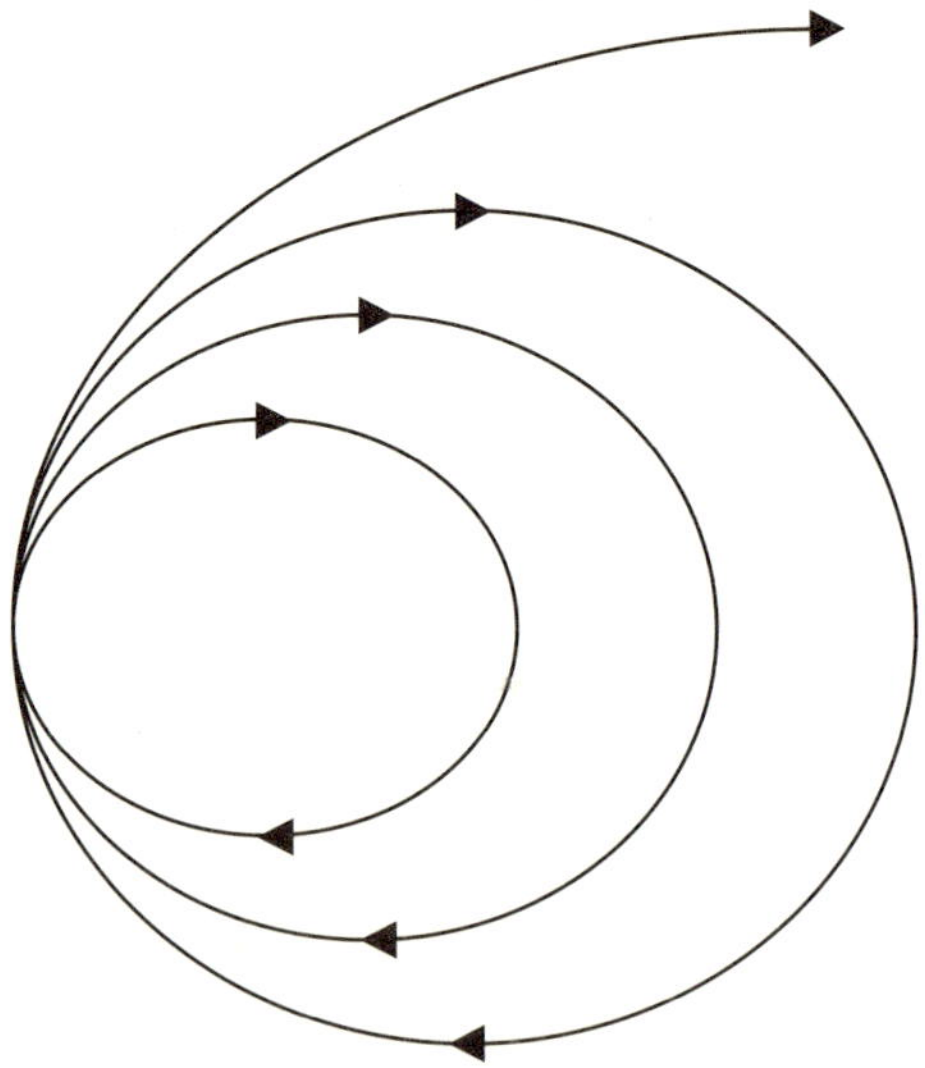

図3　女性の心理発達のイメージ

(2) 思春期と思秋期――アイデンティティの模索

a 思春期

人間には二つの存在様式がある。一つは自己中心的、自己愛的生き方であり、もう一つは他者との関係性の中での生き方である。思春期の娘たちは、この選択の岐路に立たされる。自己中心的に挑戦と達成によるアイデンティティを追求する生き方と、愛の関係の形態である「受動性」をとりいれ、他者との関係性の中で生き方を決定する生き方のどちらを選択するべきなのかがいつも女性の内部で問われている。この時期多くの娘たちの関心は自分が誰に求められ、自分は誰を求めているのか、自分の魅力は何かということに集中する。

肉体的な行動だけで、精神的受動性が伴わない場合、暴走が起こる。自分の内的空間に男性を「受け入れる」受動性を喜びと感じるところまで成熟していなければ、女性の愛は成就しない。女性らしさというものは、自分の魅力や体験によって内的空間が「こころから」歓迎するものを選ぶことができるようになった時に、生まれてくるものである(14)(400頁)。ここに至るまでには、成熟のための相当長い時間がかかる。こうして異性との関係性に生きるという生き方を選択すると、自己アイデンティティの模索を一時中断すると考えられる。そして、思春期に中断した自己アイデンティティの模索は、思秋期に再開される。それが思秋期のアイデンティティの模索である。

b　思春期女子の現状

最近は思春期女子の症状が変化してきているように感じられる。甘えと暴力化、身体言語とも言うべきプリミティブな叫びと身体化。言語による論理的表現を嫌う傾向は、女性の論理的発達を求め、「自己性」の開発をよしとする、近年の日本の社会的歴史的傾向に対する女性たちの反逆ではないかと思う。つまり、多様な女性の生き方が提示されている影《シャドウ》として、子どもを産み育てるだけでは価値が低いが、さりとて、有名大学進学やキャリア志向は自分の生き方に合わないことに直感的に気づいた女性たちがいるのだ。大学進学やキャリア志向の女性の増加とそれを評価する社会的ムードの影で、抑うつを感情基調にした「空しさ」や「自分のなさ」といった症状の多発が起こっていることも見逃せない。

現代の知的教育の偏重は、情的で私的な世界を、論理的に説明させることを彼女たちに強要しすぎてはいないだろうか。女性性、母性の世界は本来無意識的で、直感的・感覚的に通じる世界のはずであった。どこかおかしいと感じる思春期の少女たちは、相手のレベルに合わせると言うよりも自分の言葉で語り、自分の感情を生のまま表現するようになったのである。それは叫ぶ、泣くという身体化された「言語」である。また、欲しかった愛を得るのに、いい子であることを放棄し、攻撃的、暴力的な直截的行動に出るほうが有効であると感じる少女もいるということであろう。

下坂幸三は、最近の思春期のクライエントの傾向として、治療者に合わせる人が多いことを指摘している。「とても感じがいい、飲み込みも早いし、勘もいいし、治療者の言うことに合わせていくということです。過剰適応現象です。一般の人間関係にも現れていて、他人が自分をどう見ているか、どう評価してくれるか、他人が自分をアクセプトしてくれるか、そういうことを絶えず考えてそのことで頭がいっぱいです。それと同時に、他方では他罰的です。もうひとつは、先行き不安です。これから自分はどうなっていくのだろう、一人前に世間へ出ていけるだろうか、という不安が強い」(49)(121頁)。牛島定信は、「こうした症例を治療していて感じるのは、その病態の変化の基盤に母子関係の質的変化がある。母子関係の変化をもたらしているのは家族構造の変化である。こうした家族構造の変化とともに、母親の子育て機能が急速に弱体化している。核家族化が進行する中で、母親の子育て機能が以前ほど支持されず祝福されなくなっている。その結果、家庭外に自分の居場所を見つけて子どもを拒否するか、自らもつぶれて弱いものどうしの母子共生関係をつくるかのいずれかになってしまう。いずれにしても、思春期の精神発達は以前にもまして母子関係に依存するようになっていながら、一方ではその関係を支えるべき母親ないし家族は弱体化しているという二重の意味での支持機能の減弱化傾向のあることはたしかである」と述べている(10)。

c　思春期と思秋期の類似性

母は娘に対して、自分の生きられなかった生き方と自分の生き方の両方を二重拘束的に勧める傾向がある。キャリアウーマンとして生きられなかった母親は、キャリアへの憧れ、学歴、結婚の是非、配偶者の選択などを娘が幼い頃から呪文のように繰り返し、刷り込んでいく。母の「よい子」が頑張ってその実現に成功すると、意識的無意識的に母の嫉妬と羨望を受ける。母は自分の夢を重ねて援助するが、支配もするのである。

どんな結婚をすれば幸せになるのか、誰が自分を実家の檻から救出してくれるのか、母の言うことに従っておれば安心なのか。母の愛が得られず守りを得られない娘たちは母性的依存関係を求めて異性に近づく。中年期の女性たちは自分の結婚生活をふりかえり、夫との関係に満足できないと、家庭の外に居場所をさがす。中年女性たちには人生後半のアイデンティティ模索が始まるのである。思春期が子どもから大人への移行期であり、思秋期が人生後半への移行期であるというように捉えると、娘と母との類似性が指摘できる。

さらに女性は、青春期や結婚期、子どもが小さい時は、恋人や夫、家庭や家族との関係性に生きるという課題を優先させることを選択し、「自己性」の模索を一時中断する。それが中年期になって、かつて自分が「自己性」の模索を中断した年齢に娘が達した頃、再度この課題に直面させられるのである。思春期の「自己性」の模索が思秋期に再開されると考えられる。

(3) 思秋期と思冬期

「思冬期」は、筆者の造語である。人生七〇年時代は、「思秋期」で、自分自身の老年を受け入れたら、後は死の準備をすればよかった。女性の発達の節目は「思秋期」で一応の区切りがついた。しかし、八〇～九〇歳まで生きる長寿時代に入り、娘、孫をもち、自分自身は姑であって、しかも実母または姑がいるという状況は珍しくなくなった。実母は嫁よりも実の娘に介護してもらいたいと希望する。その準備として孫の面倒をみてきた事実を盾にされる。そのような担保を差しだされると、娘として従うのが親孝行であると世間も自分も納得させられる。子離れが済んでいよいよ自分探しの自由な人生を始めようとした矢先にこの葛藤が生じてくる。親不孝な娘と言われるよりも現実を受け入れながら自分の居場所を見つけていくよい子でありたいと望む場合は、再々度の「母娘関係」が再開する。しかし、この葛藤はすさまじいエネルギーをもって、初老の娘を襲う。これが「思冬期」である。女性は、思春期、思秋期、思冬期と人生の三つの節目で、自己アイデンティティの課題に直面させられる。このことについては後に詳述する。

4　母娘関係の特質

(1)　母娘結合性と再結合性

ユングは、「全ての母は自らのうちに娘を含んでおり、全ての娘は自らのうちに母を含んでいる。すなわち、あらゆる女性は母にさかのぼり、娘に伝えられていく」と述べている。また河合は「わが国の文化のパターンは心理的側面に注目すると、母息子結合のあり方を基礎として持っているが、母娘結合はもっと動物的自然な、古いものであり、この結合を破るにはギリシャ神話『ペルセポネー』のなかでのハーデースのような凄まじさが働く」と述べている。このストーリーを生きていると思われる事例は多い。特に摂食障害をはじめとする思春期女子の事例、中年期の女性の事例は、母娘をセットにして関わる必要性を感じる。このような母娘のセット性が、女性の思春期、思秋期、思冬期を複雑にし、母子巻き込み型にするのである。

(2) 出産による母娘関係の再結合

結婚は、母との関係が切り離される通過儀礼である。現在では家族制度の「嫁」の掟はなく、実家との距離はかなり自由である。同居でも別居でも心理的な通過儀礼になるかどうかは別のレベルである。嫁姑関係は、「実の母娘のように」ほのぼのした理想的な関係を現実に構築しようとすると、逆にお互いに辛くて厳しいものとなる。実の母との間では体験しなかった母娘関係の二面性を体験するだろう。しかし、これもまた「苦しみをとおして発達を遂げる」という宿命的イニシエーションである。結婚するまでの背景が違うものが同居するのであるから、新しい関係を構築するエネルギーは相当なものである。そのエネルギーは、娘性を脱した新しい自分が生まれ育つ新鮮さである。子どもがいない間は実家と切れ、姑との関係は遠くても、夫との絆があると信じられれば不安は感じない。しかし、出産子育てとなると誰を頼りにすればいいだろう。出産特に初産は、女性にとって人生の大仕事である。出産が内的に意味するものは、娘時代の死であり、自分の生死を賭けた行為であり、個を超えた長い人類の歴史の中で繰り返されてきた生と死のドラマを体現することである。

出産は、エリクソンによると「女性的な聖性の、すなわち生命と女性と自然と神との神秘的な連帯性の啓示である。こうした啓示は超自然的な種類のものである。そのゆえにこそ、それはシンボルにおいて表現され、また儀式のうちに現実化されるのだ。若い娘ないしイニシエートを終えた女性は、自分の最も深いところから湧き出してくるあの聖性を自覚する。そしてこの自覚は――たとえどれほど漠然としたものであっても――シンボル的な体験である。女性が自分自身の存在の精神的意義を発見するのは聖性を『了解すること』によってであり、それを『生きること』によってである」[14]となる。望まずして妊娠・出産するとイニシエートされにくく、産後うつ病や育児ノイローゼ、あるいはもっと深刻な心理的問題を発症することがある。だから出産は祝福され、悲しい涙ではなく、うれしい涙を流さねばならない。

だからこそ、誰かのこころの支えと現実的援助が必要である。子育て支援の現場での経験からは、すべてを「夫」に頼りたいという答えが実に多い。そういう関係をもっている女性もいるが、仕事を優先せざるを得ない大部分の男性たちは逃げ腰である。また、出産は女の秘儀的要素があるので、男性にすべてを頼むことがはばかられるところもある。やはり女性に頼りたいが、実家と切れ、姑との距離が遠い場合はそういう人が身近に見つからない。地域の中でそのような援助をしようとしているのが「助産師」である。現代的意味で、地域における母性機能を果たそうとしている。

子育ては、一時的な出産とはちがって毎日繰り返される地味な日常である。実母や姑と切れ、地域でもつながりがないと「子育て」が孤独になり、追い詰められる。そこで出産もしくは子育てをきっかけに、姑ではなく、実家の母との関係が再開するのである。子育て支援では、実家の母に相談に乗ってもらえないことを嘆き、恨む若い母たちが多い。依存できないことを寂しく思う彼女たちの娘的心情を無視できないのが現状である。

実母には、娘を支援するという大義名分とともに、孫との関係に生きがいを発見し、愚痴りあえる仲間ができ、かつ老後の介護を確約できるという喜びが与えられ、娘には気安い子育ての協力者を得て省エネできる喜びと共働きが可能になり、お互いに都合がよい。

(3)　介護による母娘関係の再々結合

核家族化し夫婦単位が中心になってきたとは言っても、親が高齢化し介護を要するようになったら話は別である。家族の誰かが中心になって介護を受けもたねばならない。実の親の介護を断ることはとてもできない。子として罪深いことであるという社会通念があるからである。日本ではまだ、死に至るまで夫婦単位で暮らし、配偶者が亡くなったら一人で生きるというレベルの個人主義には至っていない。日本人には、別居は親の元気なうちだけという覚悟の意識があり、民法に親の面倒をみる義務があると規定されているので、親は健康を失ったり、配偶者を亡くしたりしたら子どもに面倒をみてもらうのが常識である。「介護は家庭で」という国の方針も、老親は子どもがみるべきものという常識を後押ししている。核家族として親と区別した生活を営んできた人々が、突然介護を契機に同居するという、無謀とも思える現実を受け入れるのであるから、さまざまなことが予測される。母たちは実の娘に介護してもらいたいと依頼する。嫁とは心理的に遠いし、葛藤含みであるとしたら、気をつかわない関係にあると母の側は一方的に思い込んでいる。母親は孫の面倒をみ、娘の共働きを支えてきたことを盾にとる。中年ないしは初老の思秋期の「むすめ」と、高齢の思冬期の「はは」の関係が再々度復活するのである。この時、もしそれまでに母娘双方に自立性が確立されており、ほどよい距離が取れるだけの人間的成熟が達成されていれば、ウィニコットの言うように「二人でいるから一人になれる」ようになり、発展的創造的な生き方を可能にする。人生の意味を考え、人生を達成させるという、エリクソンの最後の発達課題をなしとげる一つの選択になるだろう。母娘のどちらかあるいは両方の「自己性」が未成熟だともともとの依存関係に戻ってしまう。ただ、「自己性」の開発は、幼稚園の時から「みんな一緒」が強調されており、老人期の人々にも「みんな一緒にするのがよいことだ」が、染み込んでいてなかなか難しいことも確かである。

共働きを続行したくても、子育てを終えていざこれから気軽な自分の時間を楽しもうと思っていても、実母からの願いを断れない結合性がよみがえるのである。もし断った場合のしんどさ――心の中に住む自責の念と親不孝な娘という社会からの非難の目に耐えるだけのエネルギーがあるかどうか、またその意味があると言い切れない自分の弱さに打ち勝てるかどうか――を考えると現実を受け入れたほうがいいのかもしれない、と思うのである。人生の意味を考え、人生を完成させるというエリクソンの言う最後の課題をこういう形でなしとげるのもいいのかもしれないが。

しかし、介護は身内でという閉鎖的意識の中で遂行される現状はもう限界なのではないかと思われる。夫婦で共働きや自分たちの生き方を変えずに介護が可能なシステムが求められているだろう。核家族化によって親族的地域的人間関係のわずらわしさからは解放されたが、こころの深いレベルでは旧態然とした親兄弟が仲よく助け合うという家族幻想を断ち切れたわけではないので、難しい時代はまだまだ続くと思われる。

人間は苦難があるとそれを乗り越える努力をしてきたし、またその力がある。冬の時代には春の萌芽がある。その萌芽は事例の中にいろいろな形をとって見られる。現代において、セラピストはそれらの芽を見守り育てる役割を担っている。「母性の喪失と再生」は、現代日本女性の個性化への過程である。

二、事例研究――現代日本女性の葛藤と個性化

日本の伝統的なものの見方と西欧的自我のあり方が大きくズレている今、日本社会の中で、女性が個としてどう生きるか。伝統的なものから西欧的でより個性的な生き方へ統合は可能であるのか、また、日本人が歴史的にもっていた母性イメージと現実との乖離が、現今の家族の問題の多発と深刻化を生んでいると言ってもいいのではないだろうか。以下、これらのことが七つの事例をとおして検討される。本稿の全事例のセラピストは筆者である。

※以下の事例はすべて、プライバシー保護のために事実関係に修正を加えていることをお断りしておきます。

事例一

家庭内暴力の娘との一体化と愛の交流体験が、母親自身の思春期課題の克服と母性の開発、個としての成熟をもたらした事例

1　問題と目的

青少年が親に対して暴力をふるうという現象は、家族崩壊につながりかねない苦悩ではあるが、その深層には、子と母、そして家族の再生の願いが存在する。この再生には長期にわたる変容の過程と深く関わる支援のエネルギーが必要である。

大平健は、「飲み込む母と育てる母」の中で、土居健郎の『甘えの構造』にふれながら次のように述べている。「要するに、『愛』には、子の成長の可能性のある交流性と、個の消滅によって至福感の得られる一体化の意識との二面があり、ひとつの文化の中では一方が認識されにくい。というのも、個の成長に力点を置く文化のなかでは、一体化による個の消滅は、その至福感にもかかわらず排除されねばならないし、一体化の至福感を求める文化にあっては、個を前提とする交流性は邪魔であるからである。しかし、土居健郎が『甘え』の感情の根底にすべての人間に共通するものをみるように、『愛』の交流性と一体化の意識は、相反しながらも、一つの『愛』の多義性を構成するものである。この多義的な『愛』は、母親にとって、子との一体化（情）による至福感と自分（個）

の消滅、子との交流による自分（個）の成長を意味しうる」[113]（151―176頁）。そして、母にとって子との愛は矛盾に満ちた多義的なものであり、子にとって母親との「愛」は同様に多義的であり、一体化による至福感と自分の個としての消滅、交流性による個の成長が「愛」の意味となると言っている。

現実の具体的な母子関係では、このようなイメージとは乖離したものとなってきている。前章でも述べたが、下坂幸三は、最近の思春期のクライエントの傾向として、過剰適応現象と他罰傾向と先行き不安を指摘し[49]、牛島定信はこうした病態の変化の基盤に母子関係の質的変化があり、母子関係の変化をもたらしているのは、出産後何らかの理由で意識的無意識的に母が子との一体感を体験しないまま、また子も母との一体感を感じられないままに子が思春期を迎えたとき、子の不登校や家庭内暴力などの形で問題が噴出すると述べている。心理療法の意味は、このような状態にある来談者やその家族の変容と再生に関わることにある。すなわち、「可能な限り来談者の全存在に対する配慮を持ちつつ、来談者が人生の過程を発見的に歩むのを援助すること」[33]（3頁）である。

以下に示す事例は、思春期の娘が家庭内暴力を繰り返し、筆者がおもに母のカウンセリングをとおして家族を支援したケースであり、母が子との愛の交流の実体験をとおして自己犠牲の苦しみと至福感に満たされ、みずからの思春期課題――実母からの自立――をなしとげていった事例である。

セラピストとのかかわりで愛の一体感が徐々に実感されていったが、そこから先のプロセスの進展に必要な父性がこの家族には弱かった。この時点で、母にとっては中年以降の夫婦関係の見直しとなり、子にとっては「社会に出て行く」ために必要な強さ、すなわち、場に応じ相手との関係の中で臨機応変に自分の立場を決定するという、対人関係を学び取るために必要な父性的な強さをいかに身につけるかが課題であった。家族の再生において、父性原理の再生をいかに支援できるかが、女性セラピストにとっては大きな課題であるように思われる。

2　事例の概要

【家族構成】

クライエント……四〇歳、頑張り屋。経理士であったが、M子の出産を機に専業主婦に。
夫……四二歳、公務員。きまじめで細かい。家庭ではすぐにかっとなるところがある。
当人(M子)………一七歳、高校二年生。人づきあいが苦手。
次女…一四歳、中学二年生。温厚。
長男…一一歳、小学五年生。快活。

五人で都市郊外の静かな住宅地に居住。姑は遠方に住み、ほとんど交渉はない。一時間ばかり離れた都市に実母（六四歳）が居住しており（舅は数年前に逝去）、しばしば来訪。現在も有能なセールスウーマンとして働き続けている。行動的。

【M子の生育歴と問題歴】

M子をみごもったとき、夫（M子の父）は大喜びであったが、クライエントは感動がわかず、堕ろそうと思ったが、実母にたしなめられて産む決心をした。妊娠中も勤務を続けていたが、つわりがひどくて退職を余儀なくされた。満期出産。生後まもなくから哺乳量が少なく、むずかって激しく泣く子だった。クライエントは、授乳のタイミングをつかめない自分自身が苛立たしかったが、実際には夜となく昼となくあやしたり、抱いたりして努力した。以後もずっとクライエントにとっては感情や好みのわかりにくい子だったが、下の子が生まれた頃からは一人でおとなしく遊び、手がかからなくなった。小中学校時代は成績がよく、おとなしい子だったが、友だちはなく、いつも近所のA子と一緒に行動していた。高校受験に際して、M子の成績はA子よりもかなり上だったので、A子と同じ高校に行くという約束を無視して最難関と言われている高校を受験し合格した。高校進学後まもなくM子のパニックや母への暴力が始まった。母が制止してもおさまらない時はA子の母に連絡し、援助を求めた。A子やA子の母が止めに入ってもおさまらない時はA子の母が自宅に預かり、面倒をみてきた。A子の母はあるところでカウンセリングの講習を受け、さまざまな活動をしているので、何とかしたいと力を注いできた。クライエントに某クリニックへ通うことを勧めたのも彼女である。M子の母にとっては実家のような存在であったが、M子の暴力は激化し、包丁をふりまわすような事態が繰り返され、パトカーを呼ぶまでになったので、A子の母はこれ以上面倒をみきれなくなった。

【引き受けるまでの経過】

A子の母から、今のままではいつどんな事件が起こってもおかしくない、緊急対策が必要だと思うので相談にのってほしいとセラピストに連絡が入った。後日、A子の母がクライエントを伴ってやってきた。ドアを開けると、クライエントが筆者を押しのけるように「電話、電話」と叫びながら中へとびこんできた。初対面での行動としてはわけがわからず、呆然と見ているしかなかった。クライエントが電話を切ったあと、A子の母は、クライエントを紹介し、自分は一緒でないほうがいいと思うと言って帰って行った。クライエントは、クリニックでのカウンセリングは約半年になるが、M子の暴力はエスカレートする一方でなすすべがない。危険で一緒に暮らすことができない。一刻の猶予もない感じなので筆者の心理面接を受けたいと強調した。筆者は、現在のカウンセラーとの関係の大切さを話し、自分の気持ちを訴えて相談してみるようにと勧めた。クライエントはその後の一週間の間に何度も「緊急」電話をかけてきて、いかにせっぱ詰まった状況にあるかを訴えた。以前のカウンセラーと会ってそのカウンセラーとのカウンセリングを止めることで了承を得たので是非筆者にカウンセリングを引き受けてほしいと言う。A子とA子の母は、好意でやってきたつもりだが、最近はべったり依存されている。できない時もあって断ると責められたりするので、正直なところ、手をひきたい。感謝してほしいとは言わないが、M子がA子の行けなかった高校に行けたことも、わだかまりになっていると語った。

これらの経過を考えると、さまざまなことが予測され、このケースを引き受けるにはかなりの決意が必要であると思われた。家族の外的な動きが大きい現状と、おそらくM子はまだセラピーには来ないだろうと予測されることを考えると、クライエントとの面接を主にしながら、家族全体のダイナミクスに付き合うことに意味があると思ったので、引き受けることにした。

3　面接の過程

第一期　娘を入院させることと夫への不満（#1〜#6）

〔#1〕クライエント、夫、クライエントの母の三人で来談。M子を連れてこようとしたが、一人での来談も親との来談も強く拒否された。クライエントの母がイニシアティブをとってM子の状況を説明し、両親はじっと聞いている。いつかはこうなるのではないかと心配していたが、M子がとうとう狂ってしまった。クライエントが懸命に子育てをやっているのが痛々しい。なんとかしなければ彼女がまいってしまう、クライエントが粗末に扱われているのを見ていられないと夫（M子の父）を激しく責めた。夫はじっとうつむいて聞いていたが、母に発言を促されて、気まずい感じで「はあ」とうなずく。二人のやりとりを無表情で見ていたクライエントは強い調子で、「M子がふつうになるまで施設に預けたい」と訴える。唐突な感じがしたのでそれまでの経過を聞くと、実は何回か精神科を受診し、入院させてほしいと頼んだが、「本人を診察しないと何とも言えない」と言われたこと、なんとか病院に連れていきたいが拒否され困っていること、A子の母の勧めで通い始めたクリニックでは、クライエントの育て方が問題だと言われていること、A子の家族が助けてくれるので何かと頼りにしてきたこと、これからもA子と一緒に行動すれば治ると思うので、しばらく預かってほしいと頼んだが断られたことなどを語った。

〔#2〕クライエントだけ来談。M子の妊娠出産、子育ての経過を話し、生まれた当時から相性が悪くていまだにしっくりしないという。外泊をとがめるが、止まらない。あちこち心あたりを探し、電話をかけ、訪問する。そのために、M子がみんなとつきあえなくなると大げんかの繰り返し。M子は普段は他人行儀と思えるほどていねい語で話すが、禁止されると豹変し、口汚く罵倒し、暴れ、殴り、母が折れるまで止まらない。M子と一緒の生活に疲れてしまった。どこか預かってくれるところがあればどこでもいいから教えてほしい。このままでは他の家族五人の幸せが来ない、という話を聞いてセラピストに否定的な気持ちが動いたのを察知したクライエントは、「M子は（生まれるまでに）一度捨てた子。希望のもてない子は捨てて、可能性のある子だけに集中して育てるのが母性本能です！　母ライオンは滝つぼに子どもを突き落としてはい上がってきた子だけをわが子として育てるでしょう。M子は滝つぼに落ちて一人ではい上がってこないのにこれ以上手をさしのべるなんてしたくない。苦労するだけ。M子を捨てたからといって誰も私を非難できないはずです！」と叫んだ。その後、長い沈黙が続いた。このように言語化したことによって彼女の心には大きな変化が起こったように思われた。

〔#3〕クライエントが来談。産んだ私がなんとかするしかない。放っておくと何をするかわからないので禁止ばかりしている気がする。気持ちを受け入れるということはたいへんだが、頭が悪いわけではないので希望をもって接していくことにする。面接中にM子が突然ぬっと現れる（面接時間ならばM子は来たい時に来てもよいとクライエントには伝えてあったが、このような形でM子が現れることはまったく予測していなかった）。絵画教室の帰りだという。漫画を描いているという。

描いたものを見せてくれたが、線の固さと表現の貧しさが印象に残った。M子の表情は硬かったが、特に目立つ感じはなかった。セラピストを検分に来たように感じられた。

〔＃4〕夫婦で来談。長電話が続くので注意すると、M子は自室に電話を引くように要求し、断ると暴れて包丁を持ち出し、大声でわめく。夫（M子の父）もかっとして包丁を持ち出し、「殺してやる」とM子をおどす。クライエントはA子の母に電話をかけて来てもらい、M子を預けた。夫は、普段はおとなしいが、売り言葉に買い言葉で止まらなくなるらしい。クライエントはそれが情けないと思っている。入院して治療すれば治ると言ってほしいとセラピストに迫る。本人が納得して入院するのでなければ、見捨てられ体験を重ねることになり、後でよけいにこじれる可能性があるから、じっくりと構える必要があることを強調した。

〔＃5〕夫婦で来談。テレホンカードを渡し、公衆電話を使わせたが、夜中に出歩くので危ない。学校を休みがちで、昼夜逆転の生活。面接の途中で、突然M子が入ってくる。いきなり「私が腹を立てて包丁をふりまわすのはやむを得ないけど、四二歳のいい大人が包丁をふりまわして娘を追いかけるなんて、許せないと思われるでしょ」とていねいな言葉づかいで話す。急なことであぜんとしていたクライエントが「やめなさい。恥ずかしい。おかしいのはあんたやないの」と言ったので、声を荒げて「いつもこれや」と母にとびかかる。「謝れ」とM子、「はいはい、ごめん、ごめん」とクライエント。

〔＃6〕夫婦で来談。ドライブに行こうとM子を連れだし、遠方の病院を受診し、そのまま入院させた（医師は両親の状態を見て「緊急処置」でOKされたようである）。ほっとしたのもつかのまで、しょっちゅう電話がかかり、M子の要求するコミックや小物や洗濯物を運ばねばならない。そのたびに「なぜ入院させたのか」と責められ、ごまかしのきかないしんどさが倍加する。

第二期　娘の退院を受け入れる葛藤と決意（#7～#31）

M子には投薬と医師の診察、週一回の親面接が実施された。緊急電話はなくなり、一週間に一度の面接に夫婦で通うリズムができるようになる。クライエントの報告によれば、パニックや脱走などで医師をかなり困らせているらしい。クライエントは医師の指示に従って要求されたものを届けに足繁く通う。M子が電話をかけた時に留守をしていると荒れるので家を空けられず、かえって忙しい。しばらくして外泊が許されるようになると、次の日の朝、病院には帰らないと駄々をこねて困らせる。なだめすかして夫が自動車で送っていく。学校に行くと言って徹夜をする、学校からクライエントに迎えに来いと命令するなど、両親はふりまわされる。家では「なぜ入院させたか」と迫り、夜中にコミックを買ってこいなどの命令をし、母がそんなことは無理だと言ったとたんに、殴る蹴るの暴力が始まる。結局謝って二四時間営業の店に行かされる。医師との約束どおりに病院に帰らせることができないことがたび重なり、そういうことでは責任がもてないと言われた。もし退院することになったら、と不安になる。その頃、修学旅行に行くかどうかについて高校からセラピストに問い合わせがあったので、M子の状態を話し、連れていくほうがよいかどうか、問題は起こらないかどうかという視点ではなく、本人の気持ちを尊重しながら学校としての意思を決定してほしいと答えた。連れていくべきか否かについて、学校側はセラピストの答えを期待されていたようだが。その後職員会議を何度か開き、討議をされたが結論が出ず、本人が行きたいというのだから連れていくべきだという医師の意見に従って、M子は修学旅行に行くことに決定された。面接の中で、両親が自動車で同行し、何かが起こった時にはすぐに対応することで学校に協力した。M子は最終日に行方不明になり、心配させたが、疲れてトイレで倒れていたところを発見され、ことなきを得た。両親の喜びは大きく、その後、学校への信頼と協力ができ始めた。M子にとっても修学旅行に行けたことは大きな意味があったようであるが、一方では、現実と心の乖離が意識され、辛かったのではないかと推測される。その後、M子は無断で病院を抜け出して行方不明になったり、暴れたりすることがたえず繰り返され、医師の転勤などの事情で、転院をしなければならなくなった。

これを機にクライエントは、家で面倒をみることにする。セラピーだけではなく、これまで診てもらっていた医師には週一回、勤務先に状況報告と投薬を受けに通うことを確認する。M子は薬を拒否するので時間どおりに飲ませることが一仕事であった。家にひきこもり、昼夜逆転の生活を続ける。思いつくかぎりの人に手当たりしだいに電話をかけたり、手紙を書いたりする。手紙を出してくれるようにクライエントに頼むが、切手代がかなりかさむので少し減らすように注意すると、土下座させ、殺すぞ、謝れとわめきながら、殴る、蹴るの暴力が始まる。夜中にトイレに起きた夫ともめて殴りあいになり、クライエントを起こす。夫は「おまえを成敗してやる」とM子に包丁をふりかざすこともある。夫を落ち着かせ、なだめるのもクライエントの苦労を倍加させる。夫もいったん荒れると途中では止められない。そういう夫がクライエントには腹立たしく、夫との結婚生活はこんなはずではなかったと嘆く。その話を横で聞きながら夫は、いけないと思うが、嫌われていると感じると罵倒する言葉を止められないと肩を落とす。周囲におかまいなしにわがもの顔で居座るM子に家族はふりまわされ、トラブルが続く。これ以上は金銭的にも家計が破綻するので一人暮らしをさせようと決心した。M子に言い渡すと同意したので、気が変わらないうちにとあわてて物件を物色する。しかし、費用が折り合わない。今の状態での一人暮らしがいかに非現実的であるかわかってがっかりする。このような状況は袋小路のように思えるが、A子の母の援助を仰がずになんとか切り抜けているし、夫婦関係の見直しやM子との関係の見直しが進んでいきつつあり、心理療法的にはプロセスに乗っていることがわかる。家族の再生は、ここをくぐりぬけることによってしか見えてこない。クライエントは一人で来談した時に、私が心のどこかで嫌っているからM子が理屈に合わない、途方もない要求ばかり出してくるのだろうかと内省が進む。要求を出されると、また始まるのか、止めさせねばと体が硬くなるのが意識される。M子は誰にも愛されていない、私からも。そして私もだ。誰からも愛されていない。亡くなった父以外には。

第三期　自分を見つめる――自分の母親との関係の見直し（#32～#65）

クライエントが自分の気持ちを掘り下げることはなかなか辛い作業になると予測された。この頃からクライエントは極端にやせてきて、心配したクライエントの母（M子の祖母）が家事の手伝いに通う。祖母はM子にずけずけ言うが、M子はクライエントや夫に対するような暴力はふるわず、叱られるとごめんなさいと謝る。

祖母は自宅にM子を預かることにする。数日買い物や遊園地に出かけると素直で、言われるままに家事も手伝い、ごく普通にしている。しかし祖母は、わけのわからぬ疲れが出て起き上がれなくなり、父がM子をひきとりに行く。自宅に帰るともとの乱暴なM子に戻った。M子が自宅に戻ると祖母は元気を回復した。次回の面接には祖母が同行し、「M子のことにはこれ以上関わりたくない。一緒にいるとわけのわからないしんどさでまいってしまう。このままではクライエントも倒れるだろう。M子の父になんとか頑張ってもらうしかない。それでもだめなら離婚させる」と強い調子で話す。クライエントを庇護する意図が見えるが、そこには夫に対してだけではなくセラピストに対する攻撃のメッセージがこめられていた。クライエントは、被害者としての位置をとりながら、実母を操作して、子どもと夫を支配している構造が見える。この構造はM子が両親を操作していることと相似形をなしている。クライエントは、実母とは娘としての心性が持続した関係にあり、この構図もM子の自立を阻害することと相似形をなしている。娘としての依存性を捨てて、夫と真の意味での夫婦関係を確立し、「母」になることが、今、課題となってきた。しかし、クライエントは血尿が出て医者に通うようになった。この課題をやりぬくには血を流さなければならないのかもしれない。M子に対する憎しみは相当深いものであり、愛さなければ、と思う気持ちもあるが、意識しコントロールしていなければすぐ憎しみに変わってしまう。しかし、M子がクライエントだけを求めている心情は理解できるし、精神病ではない（診断名：境界例）と言われているので、育て直しをするつもりで、M子との関係修復を決意する。

　M子はクライエントにますます要求し、少しでも気持ちがずれると殴る蹴るが続く。要求を値切ると要求額が倍増することがわかってきたが、実際にはうまくやれない。理屈で動くと気持ちがこもらず、M子はそのわずかなきしみに反応してくる。対応に膨大なエネルギーを消費するので、母にはどうしても怒りの感情がぬぐえず、築いては壊し、また築く関係が続く。「仏になる修行」をしているほど辛いと言いながら接している。この頃から要求が食べ物に集中し、アイスクリーム、プリン、グラタン、クライエントの手作りの餃子へと変化し、母の手作りの食事に「ありがとう」と言うことも出てきた。食べている時以外は、自室にこもり、漫画と小説を書いている。

　クライエントへの暴力はなくならないが、回数は減っている。落ち着いている時に「お母さん、ごめんね、ごめんね」と何度も繰り返すことや、生きていていいのかと聞き、「お母さんがいなくなったら生きていけるかどうか不安でこわい、私を助けてほしい」と訴えるようになった。クライエントは、M子が哀れに思えるようになり、（自分は）M子とこれほどまでも緊密につきあってやらなかったのかと、申しわけない気持ちを述懐するようになった。M子に請われるままに夜中にコミックとCDを買いに走り、要請に応じて学校へ送り、迎えに行く。しかし、ときには、なぜここまでしなければならないのかと腹が立ち、M子を責め、攻撃してしまい、M子の暴力地獄が始まる。クライエントはその苦しい地獄を耐えることがM子の成長につながっていることをセラピストに何度も確認しながら関係修復に努めている。理屈ではわかっていてもM子の気持ちの極端な変化が理解も肯定もできず、自分が惨めで、そういう目にあわせるM子に対してわき起こる憎しみを抑えられないと涙することもあった。

第四期 自立への決心と娘の受容（#66〜#97）

M子はあいかわらず雑誌で知った人々に大量の手紙を書き続けている。たまに返事が来て会う約束ができると突然外出し、外泊したり、金がないから迎えに来いと電話がかかったりといったことが起こるようになった。クライエントは、M子が行き先や帰宅の予定を言わないので腹が立ち、心配するが、M子がいないと解放され、ほっとして寝られるので放っておくようになる。数日すると帰ってくるが、その間の様子は聞かないし、言わないので、どのようにしていたのかもその間の費用も不明である。ある程度の費用は必要なはずなので持たせるようにする。クライエントは、十分足りると推測した金額を渡すが、金が足りなくなったと、クライエントに電話をかけてくる。クライエントは電話がかかると、ずいぶん遠方のこともあるが、責めずにすぐM子を迎えに行くようになった。そんな時、M子はとても素直にクライエントに礼を言ったり、許しを請うたりする。予備のお金だよと言って下着に縫いつけておくと、それは使わず帰ってくるようにもなった。金銭感覚が少しずつ現実的になってきたことを感じさせた。友人もでき、全国規模の催しに参加したり、描いた作品を応募したりするなど積極的に動き回れるようになってきた。しかし、それに伴い経済的にはかなりの負担になり、クライエントは、気持ちの上でも経済的にも閉塞感で耐えがたくなって、食事ができずにまた極端にやせ始めた。

夫とのいさかいが増え、結婚のいきさつや長年の恨みつらみが噴き出し、面接場面でシビアな本音がぶつかった。夫がかっとしやすく、すぐに手が出るので、憎しみがどんどん膨らみ、夢を失い、離婚も考えているという妻の言葉に驚いて、夫は、手は出さないから許してくれとおろおろする。それを無表情に眺めながら、夫は言葉だけなんです、と妻は突き放す。このような姿はお互いに初めて直面するものであった。夫との直面化がきつすぎたのか、クライエントはこの面接の後血尿が出て入院したが、二、三日で退院した。少し楽になりたいと思ってM子のひきとりを実母に頼んだが断られた。

実母とクライエントの関係はこのことをきっかけに明らかに変化した。実母を頼れなくなったことでクライエントは不安定になったが、次女がクライエントをサポートし、M子の面倒をみるようになったのである。クライエントのかわりにM子の世話をしてくれる次女にクライエントは依存し、M子も次女の助言を求めるようになった。生理の始末や食事のマナー、ちょっとした日常生活の常識などを妹の助言で少しずつ会得するようになってきた。夫が奔走してチケットを手に入れたり、クライエントが先に会場へ行って並んだりして確保できたロックグループのコンサートに、妹とともに参加するようになった。姉と妹の関係が逆転しているが、M子の心は妹とともに行動することで徐々に安定していったように見えた。

しかし、M子のクライエントへの支配的態度は続き、あいかわらず学校には行けない日々が続いた。出席日数が不足し、卒業が危なくなってきたので担任からの連絡が多くなった。担任はなんとか卒業させたいという気持ちが強く、できるだけのことをしたいがどうかとセラピストに相談された。M子の様子からセラピストにはリスクが大きいと思われたが、担任とクライエントには少しプッシュすればなんとか行けるのではないかという思いが強く、M子の様子を見ながら、慎重にプッシュすることになった。クライエントがM子に確認すると、朝起こしてむりやりにでも車で学校に連れていっていいと言ったので、クライエントは、叩かれても罵倒されても適当にあやしながらできるかぎりM子を学校へ運んだ。担任は、M子が来たら状態を見ながら、教室か保健室かいずれかの場所で、手の空いている教師が臨機応変に対応する体制をとった。担任は他の教師にM子の状態を説明し、理解を得る努力をし続けたので、徐々に学校内での体制ができあがっていった。一時、超法規的に卒業を認めようとする動きもあったが、セラピストは校長に意見を求められた時、それは社会を甘く見ることになり、M子のためにならないので、補講によって出席時数を満たすように依頼した。その方針で補講が続けられた結果、三月末に卒業に必要な条件を満たし、無事一人だけの特別卒業式が挙行された。

M子はその後、美術系の短大に入学し、セラピストに「私はやっていけるだろうか」という不安を訴えながらも通学した。これから本格的な自分探しの旅が始まることが予感された。しかし両親は、次女も高校入学を果たしM子の暴力も意味が読みとれるようになったので、一区切りしたいと希望され、終結とした。

4　考察

本事例は、「代替不可能な母性」の発揮を抑制された場合でも、適切な「子育て行動を支えるような働きかけ」さえなされれば、子どもの育て直しによって、母性が引き出され、学習され、母性的養育ができるようになることを示した事例である。

家庭内暴力は、チーム医療や家族療法による事例報告が多いが、それは、暴力をふるっている者に関わるだけではなく、家族の力動に関わらざるを得ない状況が必ずと言っていいほど生じるからである。筆者は、事例によっては親面接者を依頼する場合もあり、親も含めて家族全体の面接を同時に引き受ける場合もある。家族全体に関わる難しい事例ほど、一人のセラピストがみるほうがいいと経験的に思われている。それは、セラピーの柱ができ、方向性が明確になるからである。

本事例の場合、M子が自発的に来談するのは難しいこと、通院・投薬で精神科医と連携を保てたこと、この家族には中心がないので、何かがあると家族の全体に地震が起こるように揺れが倍増され、収拾がつかなくなるように思われたことなどの理由で、医師・教師との連携をとりながら、心理療法家としては、一人でM子と家族を引き受けることにしたのである。

夫はM子が暴れるとかっとなり、罵声を浴びせるか、同じように暴力的になるしかできないところがあり、クライエントは夫のふがいなさに幻滅し、自分の努力が報いられない被害者意識をダブルバインド的にM子にぶつけてしまうので、M子の荒れを増幅する。祖母の動きは無意識的ではあるが、家族の中心を作らせようとするものであったと考えられるが、攻撃的であるし、瞬間的なエネルギーであるので揺れを大きくしてしまう。

M子の自我状態はかなり未成熟である。母親に対して極端な暴力をふるっている時、彼女の中ではクラインの言うところの「分裂的態勢」が優勢になって前景に出ていると考えられる。自我が抑圧以前の段階に退行し、外界はすべて自分を迫害するものとして迫ってくるので、彼女はあらゆることに対して被害的に感じている。この時の彼女の主観的世界は、われわれが悪夢の真っただ中にいる時のそれであって、あらゆる人から「見捨てられ」「迫害され」、まったくの「孤立無援」な「無力な状態」に陥っている。このような時、自我も対象もその破壊衝動のゆえに急速にばらばらになり、断片化した状態になってしまっている。

前思春期までは〈よい子〉として、この問題性は隠されていた。依存対象としての友人がいたことと、知的能力の高さによって現実適応が成り立っていた。しかし、高校に入学して唯一の友人と別れ、一個の個人として独立し、他者と社会に関わっていかなければならなくなって、M子の問題性が露呈してきた。この別れはM子自身が約束を破ってまで別の高校に進学することによって生じたものである。このことは、のちの問題がいかに大きくなろうともそうしなければならないとのM子の無意識がなしたことである。社会に出るには知恵が必要であるが、残念ながらこの知恵が身についていなかった。一人では学校の生活に適応できず、仲間との人間関係に参加できなかった。このことは、M子を助けるためには、A子やA子の母親のような他人ではなくて、両親がその役割をとる必要性を生じさせた。クライエントには、A子やA子の家族に依存し、M子との関係から逃げられるならそうしたいという心理が働いていた。別の高校への進学は家族全体の変革への必然のプロセスであったと言えるかもしれない。さらに、社会へ出るための知恵には「父性」的役割が重要である。またそれ以前の母性の守りが不可欠である。M子の事例の難しさは、思春期にこの両者を同時になさなければならなかったことである。しかし、見立てとしては、母との愛の一体感の中で至福感を体験することが先行する課題であると考えられた。

母との関係では、この世に誕生する前からの葛藤があり、母の長年にわたる不全感や被害感がM子への恨みと怒りとなって投げかけられているので、M子は早期の発達課題を越えられていない。そのことに対するメッセージが恨みと怒りの感情となって母を攻撃し、母を支配することで育ち直しをしようとしたと思われる。M子がパニック状態になった時、クライエントが彼女のこのような状態を共感し、彼女を「抱きとめる」ようにすることが必要であったが、この分裂という抑圧以前の原始的防衛の世界は、母自身意識したことのない心的世界で、観念的でもあれ、理解することはきわめて困難であろう。母親はこの時の暴力をわれわれが日常生活で体験する暴力と同質なものとして受け取り、自分に対する憎悪として体験してしまうのであった。

クライエントにとって、なぜM子の心の世界が「分裂」したのか懸命に考え抜くことが課題であったが、クライエント自身、自分の母からの自立が十分ではなかったことが母娘関係をより複雑にしていた。M子の問題が両親の手に負えなくなった時、クライエントは自分の母に助けを求めたが、実母から決別を宣告された。このことは危機でもあったが、次女の協力や夫の自覚を生み出し、家族の中で問題を抱えて生きることのできる力が創生されるプロセスとなった。これがこの家族の「発見的歩み」である。M子の問題はM子の自立だけでなく、クライエントの自立を促した。クライエントは自立のために血尿さえ流さなければならないほど厳しく、辛い経験をしたが、あたかも初潮がそうであるように、それが心のイニシエーションとなったのである。その後は夫とともに人生後半を生きる決意が徐々にできていった。

高校および担任教師のかかわりは、プロセスの流れの中で実に効果的に進行した。登校刺激は、しばしば症状を悪化させるが、何でもかんでも登校刺激が悪いのではなく、時宜を得た外界への働きかけは必要な場合も多い。本事例で行われた面接は、M子の心の半歩先の動きであったからこそ、M子が登校や補講に応じたのであって、ちょっとでもタイミングがずれたらうまくいかなかっただろう。卒業進学は、M子にとっては一山越えたところである。が、家族、特に両親や祖母にとっては大きな仕事をしたことになったと言えよう。M子自身は、一休止の後、また新たな人生の旅をすることがいつか必要になるであろう。

事例二

思春期の息子の反抗によって気づかされた母性過剰と思秋期の事例——子どもとの間に境界を作れない母性

1　問題と目的

女性にとって子どもの意味は、自己の遺伝子を残すことだけではない。家を継承する存在、労働力、自分の夢を実現する存在等々、母が子どもに抱くイメージには、いずれも何らかの母自身の未来の可能性がこめられている。母の抱く未来の可能性とは何なのか。アジャセの母イダイケは、子どもの存在によって王の寵愛を繋ぎ留めておこうとした。今も昔も男性との関係を維持するために子を産む女性は少なくない。

本事例のクライエントは、深い心の空虚感を満たしてくれる存在としての「私の子ども」を産んだ。イダイケのように夫の愛を繋ぎ留めるためではなくて、夫の存在に替わる「私の子ども」を創りだす必要があった。「私の子ども」という表現には母の未来の可能性がこめられているが、子どもの側からの可能性は布置されていない。このような母のエゴイズムによってこの世に生を受けた子どもは、どのように育っていくのだろうか。古澤は「精神を病むことのもっとも深刻な原因は、その生命を生み育てるべき唯一無二のひとである母のエゴイズムであり、我執の母によって存在を否定されることであって、このような未生怨から発した症状は、自分も周囲も滅ぼさずにはいないような破壊的なものであり、その治療には徹底した理解と同情がなければならない」と指摘している。[20] 成田善弘が「母親の病理」の中で述べているように、[113]「このような接し方をされて来た子どもは母親の感情と自分の感情との境界が見えず、自分自身を信頼することができなくなってしまう。子どもの心は母親によって『みすかされ』『あやつられる』。これらが分裂病体験の原基となるかもしれない」。

このような我執と未生怨を抱えた母と子にとって、思春期はその関係の破壊と再生の可能性をはらんだ危機となる。その危機の現れ方に、その人固有の問題が露呈する。母自身が子どもの頃からもち越している母子関係の問題と無縁ではなく、育ち直し、育て直しの課題が同時進行するように思われる。

アジャセが皮膚病に苦しみ、イダイケが必死に看病することによって育て直し、育ち直しができ、イダイケの母性が再生したように、何らかの形で喪失から再生への「時」が来る。この「時」を逃さず、課題をやりぬく覚悟が必要であろう。子どもとの関係だけではなく、実母の介護がきっかけになることもしばしば見受けられる。それは、母と子どもの関係は、母とその母との関係をどこかで下敷きとしているからである。実母との母娘関係の再結合が葛藤を含みつつ、母性の再生を促進することを本事例をとおして検討する。

2　事例の概要

【主訴】
不登校からひきこもりの状態になった息子のことを相談したい。

【家族構成（面接開始時）】
クライエント…四八歳、主婦、大卒
夫……………五〇歳、自営業、大卒
長女…………二四歳、結婚して他家へ、大卒
長男…………二一歳、大学生
次女…………一九歳、大学生
当人（K）……一六歳　高校生（二回筆者が面接した後、男性カウンセラーにリファーする）

【Kの問題歴と来談経路】
Kはまじめなよくできる子で、クライエントには自慢の息子であったが、高校一年の四月にクライエントの希望で寮に入った頃から少し様子が変わった。夏休みには実家のバスタブにじっとうずくまっていることがあった。二学期には、寮のベッドの中でにんじんをかじっているのを発

見され、学校から連絡を受けたクライエントが家に連れて帰り、様子を見ていたが、クライエントの最も大切に育てているランの植木鉢で、ティッシュペーパーを燃やしたことがあって心配になり、知人の紹介で筆者のところに相談に来た。

【初回面接】（注）〈 〉はセラピストのことばである。

Kとクライエントが来談。Kはうつむきかげんの視線を崩さず硬い表情で、クライエントとセラピストに促された問いに対して誠実に答えようと努力する。姿勢と表情、感情はほとんど動かないが、内容は豊富である。

Kは自発的に三つのことを語った。一つは、「自己主張をするよりも従順に（母に）従うほうが楽である」という自己分析である。朝早くから夜寝るまでびっしり行動予定が入っている生活をこなすコツは、何も考えないことであるという。〈疑問に思っていることや自分の気持ちをぶつけることは考えないのか〉と聞かれて即座に「言われたことを黙々とこなすほうが、逆らったり反抗するより楽な生き方なのです」と断言した。二つめは、「生き残れる力を身につけたい」という。原始時代のように「自然」に生きたい。冷暖房や人工的な食べ物のいっさいを排除したいこと。お金のかからないプリミティブな生活をすることが大事であること。三つめは、「自分にはやりたことがあるが、今は言えない。そのことをわかってくれる人に会えれば、ラッキーで生きることができるかもしれないが、出会えなければ、不運だったとあきらめて死ぬ」。

クライエントによると、Kは熟産で幼少時の発育は順調。Kは公園へ遊びに行くことやキャッチボールをしたがったが、家の外に出すことが不安で、クライエントと一緒の外出以外は外に遊びに行くことを禁じた。部屋の中にはおもちゃがあふれ、兄や姉がいたがほとんど一緒に遊ぶことはなく、クライエントの提案で作った靴下を丸めたボールを壁にあてて一人でキャッチボールをしていた。小学校時代はクライエントとともに塾通いに明けくれ、成績のよい子であった。有名私立中学校に合格し、クライエントの理想どおりにスポーツクラブで朝練、学習をこなしていたが、中学三年の授業参観で他の生徒にくらべて幼い感じがすることに気づき、鍛えねばならないという理由で寮生活をさせた。クライエントの理想は「成績がよく、スポーツもでき、リーダーシップのある好青年」であり、寮生活はそのことを完成させる条件だった。しかし、その夢が壊されてしまったとがっかりしている。

【初回面接後の動き】

初回面接後、セラピストは精神科の受診を考えねばならないと思い、知り合いのドクターに打診していた。四日後にクライエントから電話があり、初回面接の次の日に、リビングルームで寛いでいた時に、Kはおばけがいると言って暴れ、カーテンに身を隠した。その状態を見て、夫はKを連れてK病院の精神科を受診させた。緊急入院を指示され、病室へ案内された。指示されたベッドのそばまでは行ったが、看護師たちが病室を出て行くと行方をくらましてしまった。すぐにクライエント夫婦がかけつけ、医師との打ち合わせによって、本人の入院拒否の意思が固いので投薬と作業療法に参加するという方針にきりかえた。次の日、作業療法のグループの場に行ったKはドタッと床に倒れこんで動かなかった。医師は、Kの拒否感情を読みとって作業療法もキャンセルしてくれた。以来、一度も通っていない。

【診断と見立て】

夫に告げられた精神科の診断は、統合失調症（精神分裂病）の発病初期であった。クライエントは、夫からそのことを告げられた。セラピストは「思春期危機」の圏内ではないかと見立てていたが、精神科の受診と投薬は続けていくべきであると考えた。Kについては思春期男性の心理療法に長けたセラピストにリファーし、クライエントの面接を筆者が引き受けるという治療構造をとることにした。

面接をするにあたり、このクライエントの見立てとして以下のように考えた。すなわち、あるタイプの母親は自分の理想の男性像に合わせて自分の息子を育てる傾向がある。Kも母親の男性像に合うよい子として育った。それが突然、高一の時に母から「自立」を強要され、Kは母からの深い見捨てられ感を体験したと思われる。母から見捨てられた子どもは当然強い喪失感を体験するが、見捨てたほうにも自分と同一視して育てた子どもからの反作用として深い喪失感がある。さらに、子どものそれは社会的な認知を得られる喪失感であるのに対して、母親のそれは「あなたの育て方が悪かったのよ」と、周りの理解が得られにくい面をもっている。セラピストとしては、クライエントがKと一体化するような関係になる母性の深淵につきあう必要があると考えた。

3　面接過程

第一期　「私の子ども」の喪失（一九××年九月〜一九×一年三月）

Kは自室にひきこもって、貝のように閉じこもり状態となり、トイレ以外は部屋を出ず、クライエントに対しては対話も食事もその他のケアも拒否するようになった。ベッドに寝ずにシーツにくるまって床にじかに転がって寝ている。短パン、半そでTシャツだけで過ごす。暑くても寒くてもエアコンを使用しない。食事に来るように話しかけるが応答がなく、どうしていいかわからず、ドアの前で叫んでしまう。お願いだから食べてちょうだいと懇願しても聞いてもらえない。このままでは気が狂いそうだ。不安と混乱、おちこみの状態が続くが、次第におちつきをとりもどし、食事を作ってドアの外に置き、そのことを伝えて、頃合いを見て膳を下げに行くようになる。クライエントが調理したものはいっさい食べない。必要なものはメモに書いてあり、生野菜、おにぎり、ハンバーガー、多量の牛乳など、指示されたものを用意しておくと食べている。食事とともに出すメモが唯一のコミュニケーションとなる。

Kのひきこもりが始まって以来、クライエントは外に出られなくなる。Kのことはお手伝いさんにも兄弟にもわかられたくない。自分が全部背負いこみたいと頑張る。Kの甘えを全部聞いてやりたい、かわいそうだ、それができていなかった私が悪いと泣き崩れるクライエントには、Kの訴えはなかなかわからない。わからなさに耐えられなくなると、Kに対する恨みへと裏返る。Kの仕打ちはクライエントの心をずたずたに引き裂く。これだけKのことを思っているのに答えないなんて、私がいちばん嫌がることをわざとやって苦しめるなんて許せない。私のあの子が夫と同じことをするなんて！　「ブルータス、おまえもか！」と叫びたい。

クライエントにとっては、一言の会話もなく、要求を満たすだけの行為の連続は拷問に近い。しかし、それが「私の子どもとの再会」を果たす大切なプロセスと信じているとも語っている。

上に三人の子どもを産んでいるが、「私の子ども」という意識はなかった。さまざまな現実の中で妻として母としての課題をなしとげてきたという体験であり、さらっとした関係である。長男を全寮制の遠方の私立高校へ入れ、長女、次女を遠方の短大、大学へ入れた。無意識であったかもしれないが、早く手放したかった。やっと産んだ「私の子ども」をも喪失することになってしまった。いっそ本当にいなくなってしまえばいい、そうすればこんな苦労をしなくていいのに、と思わないでもないが、「私が見捨てたらおしまいですもの、捨てられない責任がありますよねえ」と複雑な気持ちが繰り返し繰り返し吐露されていた。

いったんは高校を休学にしたが、その後の学校側の対応への不満とKのひきこもりの状態を考慮し、三月にはついに退学を決意した。この後、クライエントのおちこみが見られたが、元気になれば必ず新しい出発は可能であるという支持が、さらなるおちこみからクライエントを支えたように思われる。

第二期　子どもとの距離を保つために必要な依存と甘え（一九×一年三月〜一九×二年三月）

Ｋが時々冷蔵庫の物を取りにリビングルームに出てくるようになった。クライエントがうれしくてＫに近づこうとするとぱっと飛びのく。何度試しても同じように「二メートル」ぐらいの距離で引いている。他者が近づきを許せる距離は、普通七〇センチと言われている。Ｋは母にその三倍くらいの距離をとってほしいと訴えているのではないかと思われたが、クライエントは、Ｋとの間にある目の前のシャッターがスルスルと下ろされ、すべてが閉じられた感じになる。おちこみ、自分という蛸壺の中に沈殿し、ああでもない、こうでもないという苦しみが始まり、Ｋの気持ちを推測する心のゆとりはない。クライエントがＫの自立を援助できる距離を保つためには、彼女の依存、甘えを許してくれる対象が必要であった。「私はごろごろにゃんこなんです」と表現するその意味は、猫が人に甘えるように身をすりよせ、じゃれつきたいと同時に、そのように相手にも甘えてもらいたいのである。

クライエントは一人っ子で、父の教育方針で女子高育ちであったことも理由かと思われるが、男性の身体的心理的思春期の変化が別世界のことのようであり、幼子との関係はできても、思春期の男子との関係は異文化であった。この時期、彼女の課題は、理解できないＫの心と行動を推測し、わかっていくことであった。

クライエントは、公務員の父、専業主婦の母の一人娘として育った。クライエントがもの心ついた頃、母はふさぎ込みがちで、家事をせず、父に依存して生きていた。父にはつきあっている女性がおり、母は長年そのことに苦しんできたらしく、何かの事故で足を悪くし、それは父のせいである、とクライエントにいつもこぼしていた。クライエントは母の愚痴を聞きいれながら、母の機嫌をそこなわないように、なんとか夫婦喧嘩をしないでいてくれるようにと、いつも心を砕いていた。にもかかわらず、夜遅く父が帰ってくると諍いが絶えず、私の対応が悪いからだと両親の間に入って謝ったり、懇願したりした。「あんたはあっちへ行っていなさい」と母親から言われた時は、陰で「私の対応が悪いからだ」「ちゃんとできない私のせいだ」と自分を責めていた。

一人娘として両親に甘えられたはずだが、実際には甘えたり、わがままを言った記憶がない。唯一覚えているのは、幼い頃、父が出かけようと言うのでうれしくてついて行き、かわいいかわいいと言われ、おみやげも買ってもらえたうれしい出来事だった。それが父のつきあっている女性の家であったことは後になってわかった。

母は自分のことで精一杯だったのだろう。クライエントは、生活のすべてを父に相談し、父が決めてくれたとおりに行動してきた。たとえば洋服や進学、結婚の相手さえも。

大学は音楽系に進学したかったが、父は自活できる資格のとれる「薬学部」と決めて譲らなかった。結婚を約束した男性がいたが、父が選んだ事業家との結婚を勧められて現在の夫と結婚した。本来ならば夫に甘えたいのに、そういうことにはまったく疎く、甘えられることが苦手な人なので辛い。自分の見方を変えればいいとは思うが、この寂しさはどうしようもない。Kはこの私の寂しさを埋めてくれるたった一人の存在だったと思う。Kにしゃべれなくなってから「口がさびしい」。Kに甘えたいけれど、それはだめと今では止められるようになったが、その代わりは誰がしてくれるのだろう。夫がそれをしてほしいのに、まったく応じてくれない。

自分を見つけようと思っていろいろなことに手を出してみた。高価な買い物、ファッション、サークル、カラオケ、ダンス、グルメ、ボランティア活動など。しかし、いずれも人間関係がわずらわしく、よけいにストレスを抱えることになってしまった。彼女の求める一体感を満たせる対象はどこにも見つからず、心の空洞は埋まらず、あいかわらずぽっかりと穴が開いている。にぎやかなところへ行くほど、Kのことが浮かび、ギャップの大きさが辛くなる。家にいるのも辛いし、外に出ても辛い。抑うつ感情がひろがっていった。クリスマスも今年は何もしないし、お正月もしなかった。

Kのことを一生懸命サポートしようと努力していることを認め、セラピストへの依存と甘えを受け入れながら面接は進んでいった。

第三期　自分探しと夫との再結合のテーマ（一九×二年四月〜一九×三年八月）

クライエントの抑うつ気分はしばらく続き、風が止まったようだった。面接が行き詰まったかと思われた時期に、長女が結婚し、出産のために実家に帰ってくることになった。実はKのことで長女が結婚をためらっていることを察したクライエントは、ショックが大きく、Kを連れて家を出ようと決意し、新しいマンションを購入した。幸い長女は相手の理解を得られて無事結婚した。相手の男性はKとも会い、心の通う会話ができ、それ以後Kはその姉の夫を慕うようになった。クライエントはその出会いをことのほか喜んで、しばらく長女夫婦との同居ができた。Kがはじめて家族以外の人と心を開くことができ、何かが変わったようだとクライエントは感じた。

長女の選んだ伴侶が、Kを受け入れることのできる心の優しい男性であったことにホッとしたが、自分の夫と比較しておちこんでいき、夫との関係が改めて浮上した。離婚はしないが、夫婦としての関係を変えたいと思い、カウンセリング講座や講演会に出席するようになった。その中で、関係は相手に求めてばかりいるのではなく、自分のほうから変われば相手が変わるという話を聞いて閃いた。あきらめる前にその努力をしたいと思った。Kの世話を長女に頼み、Kと二人で住むつもりで購入したマンションで人形作りを楽しんだり、本を読んだりするようになった。面接室にあった『「自分」と「他人」をどうみるか』（滝浦静雄、日本放送出版協会、一九九三）を借りたのもこの頃である。夫のゴルフと碁会所通いのせいで自分との時間をとられていると思い、やめさせることばかり迫っていたが、好きなことは許し、同時に自分のしたい「ホテルでのデート」や「音楽会」に連れ出そうと計画している。夫は妻の好きなことには関心がない人であったが、それでも夫婦関係は少しずつ変わっていっているように思われた。

このような時に、別居している舅の介護が必要になり、夫に代わってクライエントが快く引き受けた。クライエントは舅にかわいがってもらった体験があり、心から介護をするので喜んでもらい、ねぎらいの言葉をかけられることがとてもうれしく、生き生きと過ごすことができた。ほどなくして実父の介護も引き受けることになった。実父との確執、さらに母との確執、父母の関係などが彼女のこれまでのわだかまりの解決につながっていった。「情けは人のためならずって本当ですね」

と述懐していた。舅も実父もクライエントに涙ながらに「ありがとう」と言って亡くなった。彼女はしんどかったが、「ありがとう」の言葉を聞けたことで、終わった感じがすると言った。

第四期　Kの大学受験、家族の再生（一九×三年九月〜一九×四年五月）

クライエントは夫にKと関わってくれることを懇願し、自分はいっさい干渉しないことを約束した。夫がKと関わるようになってから、カウンセリングはフェーズが変わっていった。Kは、父の仕事が終わる夕方五時を待ち望み、二人で公園に出かけてキャッチボールを楽しむようになった。だんだん父と会話がなされるようになり、リビングルームで新聞を読んだり、テレビを見て政治の話やスポーツ観戦をしたりするようになった。やがて野球観戦に球場にも行くようになった。その間、クライエントは長女の結婚、出産、そして実父の介護、舅の介護に没頭していたので、わが目を疑ったと報告している。

距離が保てるようになると、Kから通信制高校の情報をもらいに行きたいので同行してほしい、留学したい、大検を受けるためにクライエントに付き添ってほしいなどの要求が次々出されるようになってきた。しかし、クライエントはむしろ夫に代わってもらうことで距離をとった。Kもそのことをわかった上で母を求めていたと思われる。

その後Kは大検に合格し、農業関係の大学に通い、卒業し、外国への短期留学も果たした。さらに大学院へ進学し、修了した。就職はせずに、読書と執筆の生活を送っているため、クライエントはKの将来が心配と言いながらも、Kとともに過ごせる現在を幸せだと思っている。

第五期　介護による母娘関係の再結合（一九×四年六月〜一九×六年一〇月）

実母は実父の死後、クライエントの介護にゆだねられた。足が不自由なので移動にはクライエントの介添えが必要であり、食事、病院への送り迎えなどのすべてをこなすには、援助者が必要となる。自分の車を介護用に買い替え、チームワークを組み、クライエントはそのリーダー役を、家事との両立でなしとげていった。Kのことは夫や長女、長女の夫、次女、お手伝いさん、看護師さんなどの協力を得てスムーズに進んでいる。

面接は月に一度となり、実母に対しては父を粗末にあしらい、自分を愛してくれなかった過去のしこりがあって心を開くことは難しかったが、本音で語れるここちよさが彼女と母の関係を徐々に変えていった。わがまま放題の母と接しているうちに母の人生がすべて自分にゆだねられている事実に気づき、そしてだんだん弱ってぼけていく今の母を昔の母とは別人なのだと思うようになり、命を大切に思うやさしさや、母が娘で自分が母であるような逆転にも気づくようになった。相手に応じて、相手の気持ちを推測して動けるようになった自分を発見できた。これが私自身の成長なのではないかと思うとのことであった。

4　考察

(1)「私の子どもを産みたい」という思いに潜むもの

本事例のクライエントは、全面的に依存できる男性を探し求める永遠の少女であった。彼女は、夫に娘のように大事に守られながら生きていきたいと切望しながら、現実にはその望みはことごとく拒否され、期待を裏切られた。彼女には、この心の空虚感を埋めるものが必要であった。「私の子どもがほしかった」という表現に象徴されるように、求めても手に入らない対象ならば自分で作りだそうというのが、Kを産んだ動機であった。Kが幼い頃は彼女の求める一体感が満たされたが、子どもが自立の試みを始めると容赦なく、巧みに挫くようになる。

成田善弘が「母親の病理」[113]の中で述べているように、クライエントは、「子どもの心の中に侵入し、子どもを操縦し、実は自分自身の深い空虚感、自己尊重欠如を埋めようという『子どもとの間に境界をつくれない母』であったと言える。「ずっと私の子どもでいてほしかった」という試みは、子どもの「ひきこもり」という事態によって挫折し、心の空洞を埋める代償行動として、高級品を買う、おしゃれをする、カラオケに行く、ボランティア活動に参加する、同好会に所属するなど多彩な体験をするが、心の空洞は埋まらなかった。むしろ対人関係に傷つき、疲れ、よりいっそう挫折感と孤立感を深めた。自分自身を納得させるために「私の努力がたりない」「私が悪い」と呪文のようにつぶやくのが彼女の口癖である。そして「むなしい」「何のために生きているのか、わからない」という抑うつの渦の中に入り込んでいくのであった。

セラピストとしては、クライエント自身のライフサイクル上の課題や空虚感が招く病理が仮定されたが、タイミングをみることが重要であると思われた。当面の課題は、Kの心に侵入せず、ほどよい距離で母役割をとれる女性になるということにした。思春期の治療は、家族や社会の問題などさまざまな課題が絡み合い、深く突っ込んでいきたくなるが、必ずしもそれがいいとは言えない。急激な変容は避け、サポーティブに対応する勇気もセラピストには必要である。同性のセラピストが母親面接者である場合には、このような教育的機能もあるのではないかと考える。

クライエントの最終課題は「身を引いた」後の、人生後半の生き方であり、深い「心の空虚感」をどうするのかということであった。

(2) 父の娘が、自身の娘の結婚と母性に与える影響

クライエントの父親は公務員で「かくあるべし」という枠が明確で、伝統的な日本の男性という感じである。経済的に養ってやるという意識が強く、妻や娘には口答えを許さず、しかも女性関係がにぎやかである。母親は夫の女性関係で悩まされるが、それを責めると暴力をふるわれるので、じっと耐え、恨みをもって暮らしていた。クライエントは自分を父も母も支えてくれない不満をもっていた。母親はクライエントをほめたことがなく、娘の世話をすると言うより奉仕させるような

人であった。これに対して父親は、外から見ると娘に干渉的な父親なのだが、クライエントにとっては自分に関心をもってくれる唯一の人であった。

父の言うとおりにしていたら間違いはないと言われてきたことが、自分の生き方そのものになっていた。そして父の言うことに反対すると失敗するのではないかという不安に襲われる。失敗は自分の努力がたりないから、あるいは父の言うことに従わない自分が悪いのだと自分を責める。自分の感情に従いたくてもできない。父親はクライエントにとって怖いが頼りになる存在であった。しかし、やさしく抱きかかえられ、甘えたい願望は満たされていない。

クライエントは夫にそれを求めたがかなえられなかった。自分が好きになり結婚を考えた人をどこかで頼りなく思い、父に勧められた人と結婚したからである。夫は実業家として成功し、現実的なしっかりした人だが、べたべたした愛情表現が苦手で、感情より論理を優先させるタイプである。高額の生活費をクライエントに渡し、「おまえの自由にしたらいい。家のことにはいっさい口を出さない」というタイプである。干渉的な夫をもっている妻ならば、このような夫はある意味で理想的な人かもしれないが、クライエントは何でも一緒にしたい人なので、冷たく突き放された感じをもった。クライエントは、物質的には恵まれていたが、愛情関係では一方通行の人間関係しか経験してこなかったと言えよう。クライエントのこのような一方通行的人間関係のもち方は、誰に対してもそうであったと思われるが、Kに対して特に強く現れた。クライエントにはKがいちばん大切な人であったからである。

父や夫そしてすべての男性に対してのクライエントの想いが、そのままKにもち越されている。

クライエントは理想の男性像のすべてをKに見ていた。理想の子どもに育てたい。Kに父親にしてほしかったことをしてほしい。Kをとおして夫との関係を充実させたい。ある意味で夫の代役をKにさせていた。

クライエントのこのような育て方に対して、Kは初回面接で「自己放棄」と「自然」を強調している。母という他者の支配下にくだる安全な生き方を取るか、死のリスクを負っても自力で生きるかという辛い岐路に立っていることをセラピストに訴えていたのである。彼の選択は、原初の自然に帰る、生命の最初に帰る、プリミティブな生活に帰ることだった。Kは自室にこもり、母の調理した食事をいっさい拒絶し、にんじんをかじり、牛乳だけを飲む。母との会話をいっさい絶ち、部屋のエアコンを切り、裸で床に寝る生活を始めた。自然な子どもとして育てられてこなかったKにとって、思春期の息子としての普通の母離れのレベルではクライエントから離れることができなかったのである。彼は、乳児になる（ミルクだけの食事）、胎児になる（バスタブにうずくまる）、生まれてすぐに草原に放り出された状態になる（にんじんをかじる、裸ですごす）ような退行をしなければ、生きていけなかった。これは、Kがいかに人工的に（ペットかロボットのように）育てられたかを示している。

しかし、クライエントには、そのようなKの態度は自分のすべてを否定されたとしか感じられない。Kとの間に適切な距離をとることが課題であったが、クライエントにとってそれは「私の子ども」を失うことであり、見捨てられ、一人ぼっちになることであった。生命をもったワイルドな一つの生き物として誕生したKを、わが子として受け入れることはできない。人工的な今どきのファッショナブルな男性イメージがクライエントのＫイメージであり、その範疇からはずれたものがＫに存在することは許せないのである。クライエントは無意識的に、攻撃的感情をぶつけないではいられなかった。Ｋがもとに戻らなければクライエントの心の空洞は埋まらなかったと思われる。

その葛藤に苦しみながらクライエントは、Ｋが身体的に成長するにしたがってもはや一体感は幻想的なものであると断念するようになった。そのプロセスは、夫がＫと積極的に関わり、娘婿もＫに自然に関わり、男性セラピストもＫに関わっていく一方、クライエントがそのことにいっさい干渉したり、介入したりしないことを、セラピストのサポートに依存する形で受け入れていった。前田重治は、「『アジャセの世界』の人の治療は、『とろかし分析』の後、土居の『甘え』の自覚と克服に至るのが効果的である」と、きわめて妥当な見解を述べている。しかしそれは非常に多大な両者の努力と年月が必要とされることをわれわれは自覚する必要があろう[113]（白石秀人、125頁）。このことは、本事例のセラピーの眼目でもあった。

(3)　介護による母娘関係の再結合とそれによる人格の成熟

両親の介護という課題が浮上し、夫婦関係の課題は一時休戦の形になった。意外にも、介護をめぐって母と今一度娘としての関係を体験し、あらわになった積年の葛藤に直面して解決するという課題が生じた。

クライエントは、自分を甘えさせてくれず、父をののしりわがまま放題なのに父にやさしくされ甘えている母がうらやましく、許せなかった。その思いは思秋期までもち越された。これがおそらく、Kを必要としたクライエントの心の空虚感に関わる部分であると思われる。母に甘えた記憶がないと訴えるクライエントは、そのことを一度も母に言ったことがなかった。しかし、身体的に不自由を抱えた母はクライエントに対し「母に自己犠牲的に奉仕すること」を求め、常に十分なことができていないと叱責をしていたという。食事がまずい、来るのが遅い、介護が下手だと不満をもらされて、これ以上母の言うことを聞けないというぎりぎりのところで爆発し、クライエントは積年の思いをぶちまけることができた。自分の家庭と母の家を行ったり来たりして精一杯やっていること、これ以上は体力的に不可能なぎりぎりの線だと事情を話すことができた。自分に全面的に依存しなければ生きられない母の面倒をみ、徐々に母から「ありがとう」と感謝されるようになるにしたがって、二人の関係は許し許される関係へと変容していった。

老いていくことは人を変える。娘であるクライエントももう若くはない。「老いるとは悲しいことだ」と二人で泣いた時、心のしこりが解けていく感じだったという。

「両親の老後は肉親が看るべきである」という社会通念が、自分の生き方の変更を余儀なくするので、中年期の女性たちは介護を引き受けるべきか、自分の生き方をとるべきかという葛藤に悩まされる。しかし、「介護するのが娘の義務である」と娘を拘束する実母が多い。

思秋期の女性が娘として高齢の実母との再結合関係を結ぶことは、娘時代に中断した自己アイデンティティの課題を追求できる状況の到来を封じ込められる感じをもたらし、忘れようとしてきた葛藤の世界に引きずり込まれ、恨みを再燃させる。思秋期の課題は深刻である。やっと子育てから解放され、個人として羽ばたこうとするその時に、もう一度従順な娘として母との結合関係が再現するのは酷なことではある。しかし、思春期とは違って、この年代の母娘関係の再結合は、そのまつぶれるリスクと、和解し人格の成熟がもたらされる可能性をはらんでいると考えられる。

本事例は、家族の再生と一人の女性の個性化をもたらした事例である。

事例三

農村文化と都会文化のはざまで揺らぐ母性の再生による家族の再生

1　問題と目的

都市化の波が押し寄せて、地域社会（コミュニティ）に農村型文化と都市型文化の二重構造が生じている。地域コミュニティ自体が変化を迫られて揺れる。農村に家を建てた都会人が大々的に流入し、土地を売った農家は、経済的な豊かさを手にして近代的な生活が可能になる。これまでの閉鎖性はよくも悪くも開かれざるを得なくなるが、大家族（三世代同居）の形はそのまま残っているし、各種の行事やコミュニティとしての生活は残存し、本家、分家の区別や、昔の上下関係は無意識の中に生き続けている。適切な判断や選択ができなかった場合には、不安や緊張が生じたり、都市型文化への極端なあこがれや受け入れが生じたりしてくる。

このような状況にある家に、他県、特に都市から嫁いできた女性は、「家風」を受け継ぐ嫁として生きるか、結婚以後もひきつづいて働く娘としての居場所を選ぶかの選択を迫られる。いずれにしても嫁としての発言権は小さく、感情のまさつが起こりやすい。祖父母にしても、昔のままでいいとは思っていないが、知識として理解できるだけで、実際には迷っている状態である。教育のあり方や子どもへの対応にしても、テレビの視聴のしかた、おやつの与え方、叱るべきかどうか、学校から帰ってきたら畑で走り回らせておいていいのかどうか、服装は小ぎれいにしなければならないか等々、一つひとつが都会児との比較、新しい文化の波の中で検討されなければならない。昔ながらのコミュニティと、自我構造の違う都市化された人々の新しいコミュニティとが触れ合うところで、村の人々の意識は揺れ、教育のあり方に迷いを生じる。こうして家族の中に農村型母性と都市型母性の二重構造が生じる。両者が渾然と混ざり合い、新しい安定を得るまでに時間がかかるのである。

子どもたちの学校での生活は、都市生活に近くなる。ぼくとつで素朴なだけでは通用せず、農村の子どもたちは学校内で孤立する。おけいこごとやお誕生会などの社交や、子どものつきあいをとおしての母どうしのつきあいには慣れていない。どうしても劣等感をもってしまう。〈イエ〉が揺れる時、家族成員の中で最も敏感な子どもがいちばん影響を受ける。子どもたちの各種の症状や学校の荒れる現象は、実際に都市化の流れと平行して起こっている。母たちの子育て不安やトラブルにも同じ現象が見られる。

この事例は、農村文化と都市文化の接点で揺らぐ子どもの症状と、母親が自己の世界に文化差を統合していく過程を検討するものである。

2 事例の概要

【主訴】

長女T（七歳、小学一年生）の頻尿。

【家族構成】

祖父母、伯母（父の姉）と、父母、子ども三人（長女T、長男、次男）の八人家族。

父は公務員。時々転勤があり、つい最近まで三年間他県に単身赴任していて帰ってきたばかりである。人のよい、おとなしいタイプ。見合い結婚で、結婚後八年たつ。母は独身の時からひきつづき教師をしている。他県から嫁ぎ、家風になじむのにとまどっている部分があるが、子どものことはいっさい舅姑と伯母に任せ、ほとんどタッチしないで暮らしている。知的ではっきりしており、感情を切り捨てている感じである。家の実権は舅が握っており、舅は村の長老であるが、同じコミュニティにある本家をたてすべてを処理している。

子どもは、クライエント（長女T）七歳、弟（長男）五歳、次の弟（次男）四歳の三人。祖母（七二歳）と伯母（四八歳）が家事と子育てのいっさいを引き受けている。伯母は「私たちのやり方は古い。昔だったらこれでよかったけれども、今の子どもたちには通用しないかもしれない」

ととまどいぎみである。母は、伯母に、「もっと厳しくしつけて下さい。甘やかしてもらっては困ります」と常に頼んでいる。テレビは一日三〇分間、おやつは三時、余分なものは食べさせない等々。しかし、そうそうきっちりしたのでは子どもが「かわいそう」で、伯母はつい許してしまう。伯母は、母親の方針どおりにしようとは思うが、納得できないところもある。けれども、母と話をするといつもポンポン叱られるからあまり話し合えない。理詰めには弱い。伯母は自分が預かった以上はきちんとしないと世間に何と言われるかわからないから、Tのめんどうをみるのがきついと思っている。

しつけ上のことで伯母と母の意見が合わないことが、あからさまではないが、なんとなく家庭内に緊張を生んでいる。

【Tの問題歴と来談経路】

Tが小学校一年の二学期に入って、頻尿の症状が出た。多い日には、朝八時の通学時から二時頃の下校までに五〇〜六〇回おしっこが出る。歩いて一五分の通学時にも数回おしっこをしたくなるが、道ばたでおしっこをするのを友だちに見られるのが恥ずかしいし、おしっこをしたくなったらどうしようと心配で心配でたまらない。通学時間をずらして、何度かおしっこをしながら、二〜三倍の時間をかけて通学する。下校時間をずらすが、やはり、人に見られはしないかと非常に心配である。

【地域性】

静かな農村として数百年間続いてきた地域である。ほとんど人の出入りはなく、分家すると、同地域内に家を建てて住むので、同姓の家が多い。昔からの村役、行事が今も残っており、庄家の出だとか、地主、小作だったというような出身が暗黙のうちに序列を作っている。数年前に、新設村の住居と隣接した一〇万坪が、住宅地として開発され、地域の様子ががらりと変わった。新設小学校が二つ三つと建った。校区が変更され、地元と新しい住宅地の子どもたちが同じ小学校に通うことになり、いやおうなく新しい風が吹くようになった。種々の決定の際、小学校の職員会やPTA役員が二つに割れ、意見が対立して、しっくりいっていない。地元のコミュニティには入らない人たちが、新しい住宅地内でのコミュニティ作りを進めている。今までどおりのやり方で氏神さまのお祭りが計画され、氏神総代が決まり、午後の授業を休みにし、氏子たちが御神輿を引くことになって、従来どおり出店がならぶが、新興住宅地内の母親たちが、そういうお祭りは地元だけでやればいいのであって、小学校全体が休むことはない、御神輿は氏子に限るのは止めるべきである、出店で子どもがお金をつかうのは教育上よくないことである、という意見を学校側に申し入れた。一方、新しい郷土作りの運動が始まり、地元とは関係なく、たとえば公民館などで夜店がならぶお祭りが開催される。車で集まってきた親子づれが楽しむ。地元のお祭りは、収穫を祈る宗教行事としての意味があるが、新しい郷土作りの祭りはそうではない。

また、新興住宅地に山や土地を売ったもともとの住民は、ローンで住宅を購入したニュータウンの家族より、経済的には豊かである。学校への寄付も多額で、昔からのつながりがあるため、影の発言力は大きい。しかし、三世代同居の農家としての生活が続き、野菜や米は自給する生活感覚は、一戸建ての家を買って移り住んでいる都市生活者の生活感覚とは異なっている。感覚の相違は、反感、劣等感、優越感と、歪んだ感情を両者に育んでいく。

本事例は、地域文化と家族の再生がテーマとなっており、クライエントは家族全体であると考えられる。まずは最も症状の出やすい子どもの問題から始め、ダイナミズムが動く過程でクライエントは複数化していったので、その全体をプロセスと捉え、一人のセラピストが対応する形をとることにした。

3　プレイセラピーと伯母のカウンセリング過程

【初回面接】

Tが祖母と一緒に来談。祖母の陰に隠れるようにして、顔を硬くし、目が今にも泣き出しそうである。指なめをしている。背が小さく、五歳そこそこに見える。伯母が家で切ってくれたというへアースタイル、赤いセーターにピンクのスカート、いかにも田舎の女の子という感じ。最初もじもじしながらチョコンと座っていたが、やがて、絵が好きだから絵を描きたいと言う。女の子の絵を描く。途中まで描くと、失敗した、私へたなの、と言っては次々と新しい画用紙に描き直す。輪郭だけで色はぬらない。髪を三つ編みにしたり、リボンをつけたり、きれいな洋服を着た女の子を描く。かわいい感じ。途中数回おしっこに行く。「私、おしっこの病気なの」と言う。終了すると、そそくさと帰っていく。

【祖母の面接】

「どうですか、やはりおかしいですか。神経の病気というと入院するのでしょうか」と悪いことでもしたかのように前こごみになり、祖母はひそひそ声で聞く。「近所の女の子と一緒に行かないと、村のつきあい上まずいと、家の者たちが気にしだし、症状がひどくなるにつれて放っておけなくなって、あちこちの大病院を受診した。診断はいずれも同じで、器質的な異常はなく、心因性であると言われた。何か最近変わったことはありませんかと聞かれたが、思いあたることはない。とすると、自分たちの気のつかないことが家の中にあることになるので、神さんにお願いしてお祓いをしてもらった。しかし、おしっこは治らない。はり、灸にも通ったが、効果がなかった。万策つきて、祖父が筆者のところへ行くように指示し、来談した。担任の先生は、私が至らないのですみません、と親に言っている。目立たないうちに治したいので、なんとかしてほしい」と言う。

祖母と伯母は来談意欲が強いが、母親が関わる様子はまったくないという点で、相談を引き受けることについては迷った。長女の頻尿という症状自体は比較的簡単にとれるだろうと思われるが、基本的には「都市化に揺れる家」の問題が背景に横たわっているので、頻尿がいったんなくなった後も尾を引くように思われた。このような家の背景をふまえながら、当人（T）のセラピーとモティベーションの高い祖母または伯母と話をすることも、変則的ではあるが、並行して行うことにした。もちろん必要な時期が来れば、母のセラピーに移行できるように見通しを立てておいた。

第一期　あこがれとしての母の存在（#1〜#4）

緊張が高く、「帰りたい」と言いながら、部屋の中を見渡している。しばらく待っていると、「お絵描きがいい」と言い、画用紙に女の子の輪郭を描くが描きあがらない。「うまくできない」ことをしきりに気にし、「お母さんだったら上手なんだけど……」（#1）。漢字や計算を披瀝し、「あのね、私のお母さん、先生だから、教えてくれるのよ」「私のお母さん、何でも知ってるの」「うちのお母さん、お料理上手よ、字も上手、お母さんだったらこの絵も上手に描くんだけど、私はダメやわ」「お母さん、もの知りよ。なんでも知ってる」（#2）。「テストで一〇〇点が多い。お母さんが教えてくれるから。お母さんはとてもきっちりしている。お休みの日もお仕事をしている。お掃除でもなんでも早くて、とっても上手。いつもはおばあちゃんと一緒、日曜日なんか休みの日はお母さんと過ごす」（#3）。

夜、母から電話があった。Tがお世話になることになったようです、よろしくお願いします、とごく事務的な感じであった。できるだけ関わらないようにする姿勢が感じられたが、関わらせてもらえないのかもしれない（#1）。

祖母が送ってくる。お迎えの時に、白菜を持って迎えに来る。祖母の話では、友だちを誘わずに一人で学校へ行きたがるので困る。隣どうしの付き合いをしているのに、一緒に行かなかったら、仲が悪くなるのではないかと心配。私はとても困る、と言う（#2）。

おしっこがひどくて、特に登校時がたいへんなこと、夜は出ないのに、どういうことかわからない。早く治らないかと焦っている。祖母が母に自分に任せておくように啖呵を切ったらしい。一〇日ほど先に遠足があるのだが、行かせようかどうしようか迷っている。行かせなかったら不憫だが、恥ずかしい思いをさせるのもどうかと思う、と話していた時、セラピストはドアの向こうで、帰ったはずのTが聞き耳をたてているのに気づく。Tは、姿を現し、一人で自転車に乗ってここまで来たいと訴える。祖母はびっくりして、危ないから絶対にダメ、とんでもないと反対。Tは、友だちも乗っているし乗りたい、と強く主張。しばらく祖母との話し合いが続いて、結局、祖母が折れ、Tの要求が通った。祖母との会話が母子の会話そのものであった。

第二期　伯母の母性と母の母性との間で揺れる（#4〜#8）

「私、遠足には行かない」「楽しいことってきらい」。強い防衛が働いている感じである。「サザエさん」に夢中。「私、おばあちゃんと伯母ちゃんとお母さんと、みんなと話さなければならない」とため息をつく（#4）。

［祖母の話］遠足に行かせたい。行かないとTがかわいそう。どうにかして行かせてやりたい。

貸切バスでは途中でおしっこに行きたくなってもバスを止めてくださいと言えないから、目的地まで自分がつきそって電車で行こうと思う。

伯母が、「どうでしょう、治るんでしょうか、どっかおかしいところがあるんではないんですか?」とやつぎばやに質問する（#5）。「そういえば、少しよくなったけれど、最近、口ばっかりうるさくなってかないません。どこかが抜けたのと違うでしょうか。それにしても、おしっこのことでは苦労しました、本当に。私の育て方が甘いからだと言われるのが辛いです」。

タイムアップ後、Tは「伯母ちゃんはいつも危ない、危ないばかり。私、できることまでできなくなる」と抗議している。セラピストをふりかえるように伯母が「こんなことを言ってますけど、私にしたら、けががいちばん怖いです。お母さんがいない時に、けがをさせたら、私、どうしていいやら。家を出なければならないです」と訴えた（#6）。

Tは、遠足には行かなかった、とあっさり言う。それよりもセラピストと一緒にケーキを焼く話に夢中で、生き生きとガスに火をつけ、粉をはかり、ホイップクリームを攪拌し、セラピストの横にペタッとはりついて、早く、早くとでき上がりが待ちどおしい様子。でき上がったスポンジケーキに大歓声をあげる。デコレーションは、自分の好きなようにしていいと言うと、ホイップクリームに果物を乗せ、一缶分のチェリーを飾る。テーブルセッティングをして試食する。「私の作ったケーキ!」と大満足（#7）。

夜、母から、大喜びだったとお礼の電話があった。

［伯母の話］（#8）私は一度結婚したが、足が悪いために上手くいかず、帰ってきた。実家では

子育てをさせてもらっているおかげで置いてもらっているが、三人の子をちゃんと育てなければならないのは大変である。自分は教養がないから、子どもたちの母親に叱られるのではないかと気が気でない。これが自分の子だったらどんなに楽かと思う。どんなにかわいがってなついてくれても、結局はお母さんのところへ行ってしまう。子どもはかわいいけれども、お母さんの気に沿わないことをやっているようにとられることもあって、たまらない気持ちになることがある。

子どもにテレビを見せるのはどうしたらよいのか、教えてほしい。お母さんは一日に三〇分と決めて、それ以上は絶対に見せないようにしつけてくれと言う。しかし、見たい時に見られないのはかわいそうだ。子どもの言うとおりにしてやりたいと、自分もおばあちゃんも思っている。不憫だから。けれども、お母さんの言うことはやっぱり、いちばんに聞かないといけないから難しい。私は身なりをかまわないから、学校の参観日に行くとおばあさんにまちがえられるので、参観日は行きたくない。みんなこぎれいにしているが、今さら自分にはできないことだし、やる必要もないと思う。子どもにしたら、やはり、きれいにしていてほしいのかもしれない。お母さんに行ってくれるように頼んだが、勤めを休むわけにはいかないと断わられた。子どものことを考えると、行ってやらねばならない。ほんとうに辛い。

第三期 対人関係の中での育ち（#9～#12）

お母さんに教えてもらったという単純なゲームや縄跳びをセラピストと二人でする（#9）。いとこの家に泊まりがけで出かける（#11）。

［伯母の話］自転車に乗って近くのスーパーに買いものに行くようになった。一〇〇円、二〇〇円を持って、自分の好きなものだけを買う。ついでにお手伝いを頼むがそれは買ってこない。そういえばうちはほとんど買いものには行かない。米、野菜は自給だし、おやつはカキモチやボタモチなど手づくりである。みそ、しょうゆその他のものは、昔からのつきあいで近所の店から掛け売りで届けてもらっている。しかし、こういう生活はTには合わないのかもしれない。だから、クラスのお友だちにも誘ってもらえないし、うちにも遊びに来てもらえないのだろう。お母さんと一緒に買いものに行っている子がうらやましいのだろうか（#10）。ピアノを習いに行きたいと言うので、先生を見つけた。私がしばらくはつきそいをしていかなければならないだろうが、どんなふうにつきあったらいいのかと思うと今から気が重い。Tは最近「悪く」なってきて扱いにくい（#11）。Tの母が暮れから正月に里帰りをするので、Tも一緒に行くかどうか聞いたところ、行かないと言う。母はさびしい思いをしたらしいが、自分はとても幸せを感じる（#12）。結果的には、母の説得で母と一緒に里帰りをした。

最終回（#13）

おばあちゃんとこ（母の実家）へ行ってきた。おしっこはぜんぜん出なかった。もう心配いらないみたい。おばあちゃんとこでは、いとこがたくさん来ていて、おもしろかった。いとこと一緒に遊んだことやお墓参りをしたことを生き生きと話した。

　母から電話があり、学校の個人面接の時、見違えるようになったと先生に言われた。明るくなったし、いろいろ話してくれるようになり、いろいろなことに活発に参加するようになってきたと言われて安心している。これでもうセラピーに行かなくてもいいと思うというTの母の意志で、面接を終わることにした。セラピストは最後に、頻尿の症状はとれたが、根本的な問題解決はしていないから、またいつか何かの症状が出るかもしれない。その時は、お母さんが来談するように話しておいた。

4　プレイセラピーの再開と母親の面接過程

　ちょうど二年後、Tが三年生の一一月に、母から、同じような頻尿が始まったのでまたお願いしたいと相談があった。以前にセラピストから、また始まるかもしれないと聞いていたので、動揺はしなかった。家族の問題だと気づいているから、母が心理面接を受けたいとのことで、クライエント（母）の心理面接とTの遊戯療法を筆者が担当することにした。場所は変わって、マンションの一室である。

第四期　カタカナ文化とひらがな文化（#14～#17）

Tが学校から帰るのを待って、父が自動車で連れてくる。お父さんと二人っきりでドライブできて楽しい。女の子の絵を描く。長いスカートをはき、かわいい髪形、目のぱっちりした少女マンガの主人公風である。シンビジューム、ソファ、マンション、インターフォン、キッチン台所等々、西洋風のものに関心がある（#14）。Tの家には、ゆり、ききょう、紫陽花が咲く（#17）。箱庭療法用のおもちゃ棚へ行って、へびやげじげじ、虫をつまみ、それらが遊び友だちだと言う（#14）。

男ってきらい。私がしようとすると、邪魔をするし、おやつをとられてしまう。乱暴できらい。一度やっつけてみたい。強い女の子になりたい。大きくなりたい（#15）。

目が痛い。何か入ったらしいので見てほしい。もたれかかるようにしてくるので、セラピストがのぞきこむようにして取ろうとするがなかなか取れない。さかまつげが取れた。足も痛い。見てみると、しもやけで肌がガサガサして割れている（#16）。

〈母の面接〉#1

しっかりした調子で、わが子が頻尿で困っていることを訴えた。頻尿の原因については病院で心理的なものであると言われているが、心あたりはない。家庭の人間関係その他のプライバシーには触れたくもないし、セラピストにも触れられたくないという防衛的な雰囲気を感じた。

〈母の面接〉 #2

家庭も家族もうまくいっていて、別にこれといって悩みに思うことはない。ただ、子どもの頻尿のことが気になるだけである。姑と義姉が昼間みてくれてありがたいが、教育の古さが気に入らない。自分のやり方に従ってほしいが、聞き入れてもらえない。姑の言うことはよく聞くようだが、どうなのかと本人に聞いても言わないのでよくわからない。自分のしつけとして、テレビは三〇分、お菓子は三時のおやつの時間に規則正しく与えてほしい。勉強をしてから遊ぶなど、きちんとやってほしいが、守られていると信じることにしている。毎日忙しいので子どものことをそれほどかまっていられないのが現実である。結婚の条件が仕事を継続できることであり、家の仕事はしなくてよいということであったので、それがかなっている今の自分の生活には満足している。頻尿も姑と義姉がなんとかしていくであろう。その後、仕事の面白さが語られる。

〈母の面接〉 #3

職場の会議や打ち合わせで、このところ忙しい。同僚は男性ばかりで、同性の相談相手がいない。上司の方針はすでに決まっているので、それに従わねばならない。意見を述べることができない不満はある。結婚しているからといってハンディはない。〈子どもの運動会や授業参観はどうですか〉と聞くと、最初からそれは考えていないと言う。母としての感情はどこか切りとられているようである。

自分には子どもの話題が少ないことに気づいた。ショックと言えばショック。母としては失格かもしれない。家のこともほとんど関わっていないので、私はよそ者ですね。地域にも根を下ろしていないが、どうということはない。母性的愛情は時間が多ければいいというものではない。

第五期　工事中、そしてつりあい（#18～#20）

〔箱庭1〕Tは、箱庭をすると宣言してから、砂をスコップですくい、最初は山をつくっていたが、途中で壊して、まん中に溝をつくる。左半分に木を無雑作に置く。右側に家。小さいタイルを二列に並べて敷石にする。これが、きっちり並ばないので、何度もやり直す。右側に離れがある。離れに通じる道が、「工事中」である（#18）（図4）。

〔箱庭2〕家の配置と樹木の配置を決め、棚で区切る。家のまわりに何を置くかで何回もやり直す。すべり台やブランコ、テーブルセッティングをしたいが、この設定では、どこに置いてもおちつかない。何度も置いたり、取ったりを繰り返す。おもちゃの大小の組み合わせで「つりあい」がとれているかどうかを非常に気にしてやり直す。右下の部分が、今工事中の部分である（#19）（図5）。

社会科の時間に「農家のしごと」を学習している。いろいろ発表できることがあり、ほめられた。刈入れやお米のことを説

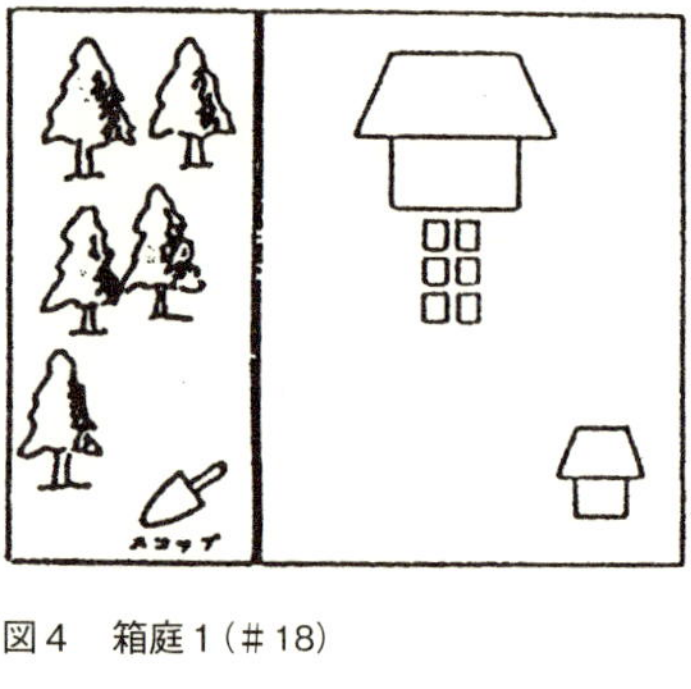

図4　箱庭1（#18）

明したら、皆が感心して聞いてくれたので、うれしかった。

［箱庭3］ 人形やテーブルを置くが、自分の気に入ったものは大きすぎたり小さすぎたりするので「つりあい」がとれないこと、周囲のセッティングがふさわしいかどうか、「つりあい」がとれていないのではないかということを非常に気にして、なかなか決まらない。しかし、ついに、「やっぱり、私、ここに置きたい」と言いながら、テーブルセット、ブランコ、ベンチを置く。ベンチにはまだ誰も座っていない（#20）（図6）。

〈母の面接〉 #4

職場でいろいろと考えるのだが、なかなか考えがまとまらない時、家庭で相談することができない。農家だから農作業に忙しい。自分はこれといって農作業を手伝わないし、家族の者も手伝ってくれとは言わないが、何か自分だけ孤立しているようで、気をつかう。

給料はよいので経済的には困らないし、家庭のほうもそれをあてにしているわけではないので、ゆとりがある。しかし、今の仕事の辛さ、困難さがわかってもらえない。楽な仕事のよう

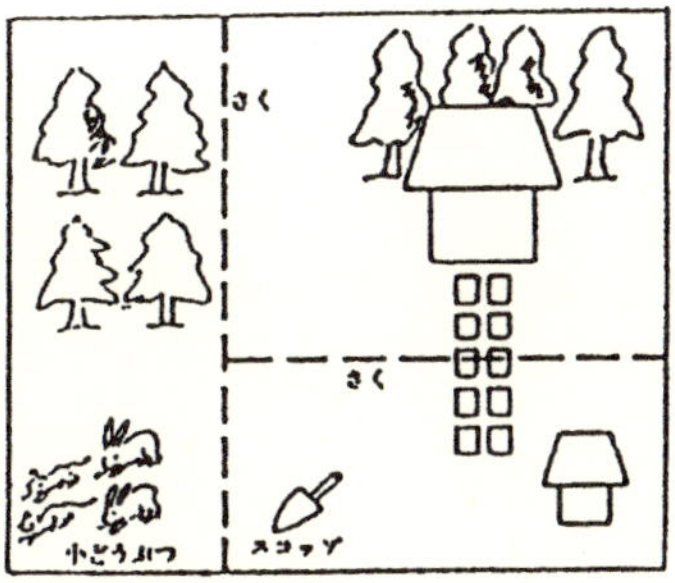

図5　箱庭2（#19）

図6　箱庭3（#20）

に思われている。夫も理解はあるのだが、そのことになると、もう一つわかってもらえないところがある。また、子どもは、義姉と姑がみてくれるので大変助かるが、自分が（子どもを）みていないという負い目を感じてはいる。

〈母の面接〉＃5

こうやって話を聞いてもらっていると、何か気持ちがほっとする。子どもを預かってもらっていることも助かるし、心配ないので、恵まれていると思う。休暇などには一緒に遊ぶので、特別さびしい思いはしていない。

昨日庭で、今まで保存していた日記と手紙を焼いたと言う。突然の話題であったので驚いて〈どうしてですか〉とたずねた。自分と夫とは育った環境が違うし、自分は農業の経験もないので、どうしてもなじみきれないものがあるような気がしていた。子どもの頻尿もストレスから生じたものであるとわかってきたし、自分が家族の一員となっていなかったためであると気づいた。自分はこの家で生きていこうという決意がやっとできたので、過去を葬ったのだと言う。焼いてしまった後、さっぱりした。

〈母の面接〉＃6

Tがとても明るくなってきたようで、うれしい。この頃では、自分自身も子どもの頻尿のことが気にならなくなってきた。実際、頻尿もなくなってきた。

子どもたちは姑や義姉と寝ていて、親子、核家族というまとまりがなかったが、家の二階を改造して、家族五人の部屋ができることになったのがうれしい。

第六期　母性的配慮の中で起こった家族の変容（#21〜#23）

今度遠足がある。行きたいけど、ちょっぴり心配。セラピストは、「Tちゃんのだいじな宝物、何？」とたずねた。大好きだった幼稚園の先生が、持っていると願いがかなうと言ってくれた「星の砂」が宝物だと言う。その星の砂はきっとTの願いをかなえてくれるだろう、遠足に持って行けば、お守りになるのではないかと話した。セラピストもお守りを持っているかと聞くので、持っていること、持っているととても安心できることを話した。Tは、星の砂の小びんを持って遠足に行くことに決めた（#21）。

〈母の面接〉#7

朝の出勤は、夫と車で駅まで一緒に行く。帰りが遅くなると、迎えに来てくれるようになった。舅が初めて村の役を夫に譲った。世代交代が徐々に行われるようで、夫の出番が増え、やっと認められてとても喜んでいる。

今度の遠足にバスで行くが、行かせてみようと思う。お弁当は私が入れて持たせたい。遠足用の洋服を一緒に買いに行った。今までは準備したことも関心もなかったが、子どもの世話をすることが楽しくなった。本人には尿意を催したらいつでもバスを止めてくれるから安心して行きなさいと勧めている。

セラピストは、家庭の中の雰囲気が変わってきたような感じを受け、夫の協力があるという言葉に強い印象を受けた。しかし、義姉はさびしい思いをしているのではないかと推測された。その二、三日後に義姉から面接を申し込まれた。その面接の中で、義姉は、いつかは手放すのが運命だと自分に言い聞かせてきたし、身体も弱ってきて引退にはちょうどいい時期だと思っていた。姑が少しぼけ始めたので、その介護がこれからの自分の生きがいであると話され、感動を覚えた。

〈母の面接〉＃8

バスの遠足で、Tは一回も尿意をもよおすことなく、無事行けたことをうれしそうに話したという。これで自信ができたようだと、やっとわがことのように話すクライエントの様子には母親らしさがあふれている。顔には安堵の色が見られ、核家族のまとまりを保ちながら大家族の一員として溶け込んだようである。知的な雰囲気と母ちゃん的雰囲気がありのままに出てくるようになったのだろう。

最終回（＃23）

三〇分遅刻。あわてて入ってくる。体操服を来ている。バレーボール部に入ったので、練習に行っていて、忘れていた。お父さんが迎えに来たので、急いで来た。先週は、ちゃんと覚えていたから、ここへ来る時間に間に合うように帰ったのだけれど。バレーボールがとても楽しいので休まずに続けたい。だからここへ来るのはお休みしたい。お習字とピアノも続けているので、とても忙しい。今はしたいことがいっぱいある。

この間の日曜日には、お父さん、お母さん、弟たちとドライブに行った。とても楽しかった。また連れていってほしいと言ったら、お父さんもお母さんもそうしようと約束してくれた。

〈母の面接〉#9

子どもとの関係が修復でき、自分自身も母として、大家族の一員として、職業人として生きていける見通しができたので終結にしたいという申し入れがなされ、終結とした。

5 考察

Tの場合、都市化の進む真っただ中の地域にあって、家の外にも中にも農村文化と都市文化の二重構造があった。育ての母である祖母と伯母は農村型文化に生き、母は都市型文化をもちこんだ。教育、しつけにおける対立が家全体にも影響し、不整合が生じていたが、それは潜在化していた。心理面接のプロセスでは、Tの母は口数が少なく、表現も控えめであった。バランス感覚の必要な生き方であることは十分察しがついた。大人の世界では、この程度では症状が表出するに至らない場合が多いが、子どもはトレランスが低く、しかも最も繊細で感じやすいので、まず最初に子どもが地域や家族のひずみを症状によって表現する。この事例はこれらの問題が子どもの症状に典型的な形で顕在化したものと言える。

Tは、生活のほとんどすべてを伯母と祖母に依存して育てられた。伯母は、農村型の育て方では不適切であろうと思うが、知識としてわかるだけであり、また、「甘やかしてはいけない」という母の教育方針をそのまま受け入れることはできないので、実際には、農村型のしつけをしている。Tは都市型の母のしつけと農村型の伯母の両方に〈うまく〉適応していかねばならない。〈つりあい〉を非常に気にしていた箱庭療法がそれを表現している。伯母と母の対立は、Tを不安にし、緊張を強化していった。母は、家庭で何もしないでよいような環境に〈恵まれていた〉が、それが、母自身の家族内での疎外感を生んでいった。

さらに、学校社会にも文化の二重構造があった。家庭と学校の両方に農村型と都市型文化の二重構造があり、その中で生きなければならなかった。都市型文化へのあこがれは、ケーキ作り、ピアノを習うこと、スーパーで買いものをすること、マンション生活（インターフォン、エレベーター）、家族でドライブに出かける、バレーボールサークルで活動することなどで体現されていく。

最初の頻尿は、祖母や伯母という農村文化に根ざす母性が、いったんは平静を取り戻させたが、二度目の頻尿は、Tの家が、田舎と都会を統合しなければならないことを知らせるものであった。毎日学校へうちで咲く花を持って行ったり、「うす」でお餅をつくとか農業の話など社会科での発表が褒められたりした体験などをとおして、自分の家のよさを少しずつ認識していき、田舎性と都会性が統合されていった。

面接再開の時点で、クライエントの夫が役割をとり始めた。子どもの送り迎えをし、妻の送り迎えをし、そして二階の改造をし、大家族の中でこの親子五人を一単位として認めてもらおうと努力した。それに応えるように、クライエントはそれまでの日記と手紙を焼き捨てている。もう孤立した存在ではなくなって、母としての役割を果たそうと決意した。事実、母性的生き方と職業人としての生き方が両立できるだけの人格的成熟がなされたと推測された。このような動きが、大家族の中における改革を可能にしたのである。

家族の再生がなされていくためには、父性が必要とされたのであるが、舅（昔の人）がとっていたイニシアティブを、夫（今の人）が受け継いだことの意義は大きい。

内的世界が外的世界の変化に呼応するような準備があると、症状が表面化し、内的世界の再統合化をしなければならなくなる。外的世界がいくら変化しても、それに対する内的世界の反応性が準備されていなければ、問題は顕在化しない。

このようなダイナミクスの中で、義姉の立場は微妙である。あともう少しで子育てが終わる、しんどいことから解放されると言いながらも、その後は自分のすることがなくなり、居場所がなくなるのではないかという不安とさびしさがあった。そんな時に、姑（義姉から見れば実の母）の介護が生きがいとなった。彼女の母性に再び出番が来た。母娘関係の再々結合である。

事例四

「イエ」文化についていけなかった母性の喪失と再生の事例

1　問題と目的

ノイマン（Neumann, E.）は『女性の深層』の中で、「母親に対する娘の最初の関係は、母親に対する息子の最初の関係とは基本的に異なる。男児はその発達を決定付ける時点から母親を自分と『異なる汝』、他者として経験するのに対して、女児は『自分のものである汝』、非他者として経験する」と述べている[68]。三川孝子は「女児は自分が母親から離れた別個の人間であることを男児ほど強く認識せずに、依存性を引きずったまま父母と自分の三角関係を維持する」と述べ、さらに「思春期の少女にとっては、長い間依存していた幼児期の最初の対象である母親から独立することが次の課題となる。しかし、生活上の世話をしてくれる母親からの精神的独立は容易なことではなく、母親側も、依存関係に満足感を持っているので、少女が母親との絆を断って独立するためには、ソトからの助けが必要になる。そこで少女は、同年輩の仲間と行動をともにすることによって自我の支えを求め、いつまでも子どもでいたいと言う自己内部の願望と格闘する」と指摘している[113]（3章）。

母と娘が適切な距離をとることはとても難しい課題である。近づきすぎたり、遠のきすぎたりする不安定な距離感が娘の側に、侵略的な母や見捨てる母、破壊的母のイメージを生む。娘には恐ろしい怪物や魂の殺人者のように感じられているのであろう。わが子の巣立ちを許さない独占欲の強い「破壊的な母」から逃れたいと願いながら母から離れることができない。

本事例のクライエントが嫁いだのは、古事記以来の文化と家族制度の意識が今も息づく土地であり、旧来の家族制度は地域の人々の意識の中に生きている。そのような土地、家で生きることの葛藤はすさまじいものがある。クライエントの課題は、個人としての精神的成熟とともに家族の再生を求めてのプロセスをどう歩むかというものであり、セラピストにとってはそれをどう援助するかという課題であった。

2　事例の概要

【主訴と来談経過】

クライエントの夫がセラピストの講演を聞いて、高校生の娘のシンナーと夜間徘徊に悩んでいるので、娘のカウンセリングをしてほしいと申し込んでこられた。


【地域と風土】

M家はN県の穏やかな農村に代々続く資産家である。この地域は周囲に古い歴史的遺跡が無数に点在し、生活にも人の心にも歴史が風土として根強く息づいている。「日本の無意識」とも称されるこの地域で、新しい世代の意識がどのように調和していけるのか、子どもの問題の多発とともに課題が顕在化し始めている。

【家族構成（面接開始時）】

舅姑七〇歳代、夫とクライエント四〇歳代、長男一九歳、当人（長女C子）一六歳の六人家族。舅姑は大規模に野菜を栽培し市場に出荷している。クライエントの言葉によると、現在も舅が家計をにぎっていて、村の寄り合いやつきあいには家長としての決定権をもっており、その意思に家族は誰も逆らえない。姑は舅の陰で黙々と家事をし、孫の子育てを「課題」としてこなしてきた。

夫とは、見合い結婚。見合いの席上で、家族、妻、教育、政治などについて「あるべき姿」を熱っぽく語る「強い男性」だという印象を受け、この人の言うとおりに従っていればまちがいないと思ったと言う。夫から家事はしなくていいから外で「稼ぐ」ように勧められ、あこがれていたキャリア女性になれる喜びに浸って、仕事を続けた。長男をみごもった時には産みたくなくて、堕ろそうとさまざまな試みをしたが果たせず、出産後すぐに子育てのすべてを姑に任せた。姑に任せた以上、何かを言うことは諍いを生むと思っていたので、そのことを避けたかったのだという。実父母の仲が悪かったので「諍いを避ける」ことが最重要なことになった。

息子（C子の兄）との関係は、クライエントが意識的に避けていたこともあり、ほとんど親子の感覚はなかった。「家の後継ぎ」として、夫の次という厚遇を受けてきた。C子はそのことを常に感じながら控えめに、自分は「いらない子」だと思い込んで育った。しかし、きょうだい仲が悪く、兄はいつも妹に嫉妬し、自分のわがままを母に認めさせるまで暴れたり、泣きわめいたりすることが悩みの種であった。クライエントは舅姑から自分の子育てのまずさを責められる前になんとか収めようと、最終的にはいつもC子に我慢をさせ、兄の言い分をとおしてきた。クライエントには全容がわかっていなかったが、兄は妹に対し、相当ひどい虐待を繰り返してきたようである。C子がセラピストに語ったところによると、小学生の時、思い余って母の職場に電話をしたら、自分はすぐには帰れないからお父さんに頼みなさいと言われた。父の職場に電話して「兄に殺されるかもしれないから今すぐ帰ってきて」と訴えたが、「そんなことぐらいで職場に電話してくるな。自分で解決しろ」とまったく取り合ってもらえなかったことがあると言う。単なるきょうだい喧嘩と捉えられたようである。

クライエントは長男のことには干渉しなかったが、C子の教育には熱心で、小学一年からいくつかの塾に通わせ、成績を厳しくチェックした。昼間かまってやれない分、教育についての管理は熱心だったが、C子はその期待に応えようと頑張る子だった。母の愛を勝ち取る無意識的手段だったと思われる。クライエント自身そのように育てられ教職免許を手にしたので、現在の自分があると思い、同じことを娘にしているのである。日々の生活はほとんど姑が世話していたので、遠慮もあって、子どもたちにできる母親らしい対応は教育であると思っていた。一方では周囲の人から「その年には見えない」「独身みたい」と言われることを誇りに思ってきた。

【C子の生育歴と問題歴】

C子も先に述べたように、誕生数週間（母の産休期間）後から、ずっと姑に育てられた。発育は順調であった。おとなしい、聞き分けのいい子だった。小学校時代から週四回の塾通いはクライエントの決めたとおりにこなし、わがままを言うこともなく、まじめな「よい子」であった。ところが、中学三年になって成績が思うように伸びず、公立高校受験にまさかの失敗をしてしまった。あわてた両親は近くの大都市O市にある有名私立女子高校への入学を決定し、やれやれと胸をなでおろした。電車通学が始まり、一学期は何事もなく過ぎたが、七月になって家でパニック症状とリストカット、わめき散らす錯乱状態が起こり、心配した両親が近所の精神科を受診した。うつ状態と診断され、投薬を受けるようになった。

その後一応おちついたかに見えたが、普段の様子が一変した。茶髪にし、派手な服装をまとい、夜間徘徊が始まる。中学時代の地元の遊び仲間とシンナーを始める。高校の先生からは欠席が多いと両親が注意を受ける。以来学校には行かなくなった。あわてた夫がセラピストに相談を依頼し、面接が始まったことは前に述べたとおりである。

3 面接過程

インテーク面接

C子……胸元が深く開いた紫色のセクシーなシースルーワンピースを着ており、見るからに挑発的である。小柄な体格に、大人びた衣装と下から伺うような目つきがアンバランスである。硬い感じでじっと座っている。何を聞いても尋問になりそうである。しばらく彼女を眺める。眉がそられ、つけまつげに濃い口紅の化粧、茶髪にピアス、指輪にペンダントと不自然でやりすぎがめだつ。化粧は好きかどうか、指輪はお気に入りかどうかなど刺激をしない程度に話をすると、拒否はしないし、時にはうなずく。週一回五〇分のカウンセリングをすることに決める。

クライエント（C子の母）……穏やかな語り口で、おしゃれな雰囲気の女性だが、C子のことを「あいつ」と表現したり、金を無心するC子に「援交でもしたらどうや」と言い放った、という内容をさらりと話す二重性、または乖離性が事例の深みを物語っているように感じられた。

第一期　C子とクライエントの葛藤の表出（#1〜#42）

C子は、最初は固く口を閉ざし、何もしゃべらないが、毎週きちんと来談する。自発的な発言はまったくなく、無言のままの面接が続いたが、こちらから「夜集まって何しているの」などの問いに対して「いろいろ」とか「なんとか」「そうかも」と答えるようになり、促すようにこちらが話していると男の子の話をぼそぼそと話す。一週間後にその話をすると「あー、もう別れた。違う彼ができた」と投げやりな、どこか慣れた感じで話す。毎週違った男の話だが、好きなところ、どこにひかれるのかなどをていねいに聴きこんでいく。「不良が好き。強くて守ってくれて、自分にだけやさしい人がいい」「私みたいなものを抱いてくれる男なら誰でもいい」「暴力をふるわれると愛されていることが実感できる」と言う。また、自分を好きと言って追いかけてくる男ではなく、追いかけても追いかけても邪険にされると、その人に夢中になると言う。そういう男と親密になったらとことん男のわがままを受け入れ、裏切られてもすがり続けるのだが、そのあげくに暴力をふるわれ、捨てられることになる。なぜそうなるのかわからず、苦しい。捨てられるのは自分が悪いからだと自分を責め、その責め苦から逃れるために吸ったシンナーで警察につかまった。捨てられた辛さを「根性焼き」でまぎらわせるなど、さまざまな体験を繰り返していると言う。

入学した高校で親しくなった同級生に、ボーイフレンドを紹介すると言われてついて行くと、彼女を待っていたのは「まわされ」体験（輪姦）だった。まったく突然に襲った災難が、大人への初体験であった。体も心もぼろぼろになった。父にも母にも言っていない。何もかも信じられなくなったが、一人ではいられず、仲間にしがみつきたくなって必死に仲間を探し求めた。

幼い頃から兄に暴力をふるわれていたが、祖父母は見て見ぬふりをし、むしろ兄に味方してC子に謝らせたこと。一度息ができないほどに痛めつけられ父の職場に助けを求める電話をしたら「自分で解決しろ」と拒否されたこと。母に話したら、兄に逆らうようなことをしないように注意されたこと。結局家族は誰も自分を守ってくれないのだと確信し、心を閉ざすようになったこと。さびしさの輪が回りだすと、それを終わりにするためにリストカットで血を流していたこと。シンナーも同じ理由である。暴力は、耐えていれば相手がいつかは止めてやさしくなるから、むしろ自分から求めているかもしれないこと。根性焼き、シンナー、リストカットは、底なし沼に吸い込まれるようなおちこみの恐怖から逃れるために自分がもっている手の内であることなどが語られた。

セラピストは「暴力をふるう男は絶対に『彼』ではない」と思わず言ってしまったが、彼女はそんなふうに言ってもらったのは初めてのことだと涙を流し、親密な愛の関係をもってこなかった親子の間柄を再認識した。

C子のカウンセリングを始めて一年後、C子からカウンセリングを母と交代したいとの希望が出された。C子の状況を母が受け入れてくれるようになってほしいので、母の援助をしてほしいとのことだった。C子の他のセラピストを探すことも提案できたが、二人のセラピストが関わる形式よりも、一人で家族のダイナミクスを心理療法の対象とする方針で継続する形式を選択した。C子は自分で判断して必要に応じて面接に来ることにした。

とはいうものの、母のカウンセリングはあくまで「親のカウンセリング」としての枠組みで継続し、C子の行動を理解し、受け入れられるようになることを目標にした。クライエント（母）は「C子は私の宝です」「ずっと仲よく、姉妹のように生きてきた」と、美化した話を続けた。クライエントには「よい子」のイメージがあり、そのイメージに合わないC子の現在の状況を受け入れられない。「私自身は母のあこがれの生き方をそのまま受け入れ、母を苦しめるようなことはしてはいけないと思ってきたのに、なぜC子はいい子ではないのか、腹が立つ。どうしても心から受け入れられないものがある」と、C子に対する二面性を語る。

クライエントはC子の存在を重く感じ、「そのようなC子は見たくない。どこかへ行ってほしい。援交でも何でもやればいい」と吐き捨てるように言う。「私が辛い思いをしていることがわかったら助けてくれてもいいはずや」と依存してくるクライエントが、C子には重たく感じられる。母に拒まれ、母を求めているのは、C子もクライエントも同じだったのである。

C子は姑（祖母）に育てられたが、姑になつかず、姑のほうも淡々としている。それは兄も同じである。彼らにとってクライエントは「お仕事」をしている女性の同居人であった。クライエントもそのおかげで、子育てと家事のいっさいを姑に任せて、気楽に仕事人を続けてきたところがある。夫にすべてを依存し、ファッションと買いものが大好きで、所帯ずれしていない若々しさが自慢である。

クライエントは実家の母に甘えた記憶がない。両親の仲が悪く、クライエントは暴力をふるう父と包丁を持ってわめきながら父を追い回す母の間に割って入って必死に止めてきた。手に職をもって働くことを絶対命令として強いてきた母に今は感謝できるが、心から暖かく愛されたという実感はなく、早く嫁に行くことで家を出たいと思ってきた。好きな人は頼りなかったので、母の勧める経済力のある資産家のM家に嫁に来た時はほっとしたと言う。もうこれで実家とは縁が切れたと心から思ったと言う。しかし、M家はいまだに自分の居場所とは言えないのが悲しい。どこにも自分の居場所はない。家の仕事、近所づきあい、経済、すべてが舅と夫の手中にある。以前はそれが身軽でいいと思ってきたが、今は空しい。

仕事を辞めたらますます肩身が狭い。夫に「二五年働いてきたのに、まだ働けというの。酷だと思わないの」と訴えてはいるが、田舎では働かない者は一人前ではないのだ、という根強い掟がある。しかし、クライエントにはC子の育て直しという課題があるのでまだ頑張れるのだが。

そして、クライエント自身が「受け入れられたい」強い願望をもっている人で、母役割よりも娘役割を発揮したいということが見えてきた。

C子は男性との夜遊びとシンナーを二年間続けるが、一八歳の時、彼女のシンナーを止めようとしてくれた一六歳の男性と同棲する。しかし、二四時間一緒にいなければ愛が信じられなくて、仕事に就いた彼とすれちがい、捨てられてしまう。すぐにできた次の彼とももめて喧嘩を繰り返すが、クライエントの意に反して別れず、同棲している。クライエントからは、彼とC子を引き離したい反面、早く自分もC子のことからは離れたい本音が語られた。

第二期　母役割を果たす（#42〜#72）

C子はクライエントが理解を示すようになるにしたがって、母を求め、「母といるときがいちばんほっとする」と言うようになった。しかし、クライエントは無意識的に娘に「彼を選ぶなら私から離れていってほしい」というメッセージと「彼と別れて自分のもとに帰って来い」というメッセージを送る。C子が彼ともめてクライエントに助けを求めた時、家を出て行く彼にすがっていこうとするC子を、クライエントが体を張って引き留めたことがある。「行かんといて、お願いやから。あんたがかわいいからや」と娘にしがみついて男にすがる娘を引き留めたと言う。

単純に考えればこれは娘を守る母性である。クライエントの思いはまさにそのとおりである。彼が憎かったので思わずC子を守ったのである。しかし、母娘関係はそんなに単純ではない。C子サイドからこれを見ると、たとえ彼が社会的に見てどのような人であっても、C子にとってはどこかで大切な人である。娘を守っているクライエントの行動そのものが、娘にとって大切な人を奪うことになってしまう。娘が思春期以前なら、母親のこのような守りは必要で大切なものである。また、同様のことを父親がするのであれば、娘に対しての父性であり、娘の彼を鍛える男対男の社会的通過儀礼となるだろう。しかし、思春期の娘にとって母はある意味でライバルであり、思秋期を迎えた母との白雪姫的な母娘葛藤を呼び起こす。案の定、C子は「おまえのそれが重いのだ」と叫んで飛び出して行った。「それは娘の目ではなかった。冷たく、拒否する女の目であった」とクライエントはがっくりした。

女性性に関して母と娘はライバルなのである。母性と一見見まちがう行為の中に、母親の「おんな性」が紛れ込んでいるのである。C子はそれを直感で見抜いている。この時クライエントも「C子が私を捨てた」と感じ、それからはC子の要求が聞けなくなった。母と娘の自立は、父と息子の自立の時と同様、ある種の戦いを含んでいる。その上、子どもにとって母性は基本的な安定に関係するので、父—息子の場合より複雑な様相を呈している場合が多いように感じられる。

「何をどう考えれば私は納得できるのか。言葉にできないものが心の深みでうごめき」、クライエントは非常に疲れる。自分はおばあさんっ子だった。その祖母が亡くなった年に結婚した。「おんなの幸せは男はんの言うとおりに生きることやで」と寝物語に聞いた言葉が今も耳に焼きついている。家庭がいやで早く家を出たかった。結婚は二三歳だった。この人となら祖母の言葉どおりに生きられると思ったのがすべての始まりだったと、自分を基準に理解しようとするが、彼女の理解を超えた事態が起こっている。

第三期　自分探しの旅（#73～#111）

婚家が自分の居場所に感じられない悲しみ、浮き草のようなよるべのなさが訴えられていた頃、C子の成人式出席をめぐるトラブルが話される。出席を止める彼とどう話し合えばいいか混乱したC子を拒否できないが、受け入れる母性のゆとりも少ないので、どうしても自分の感情がむき出しになり、彼を責め、別れて自分のもとに戻ってくるように強く主張した。彼とクライエントの間で追い詰められたC子がリストカットをした。クライエントはセラピストに助けを求めて、彼とC子、クライエントの三人で来談する。彼はどうすればC子が満足してくれるのか、理解できないと訴え、C子は、もうどうでもいい、疲れた、死にたい、何に対しても興味がわかず、不眠が続いていると言う。クライエントはC子の状態の悪さが気になって、親しい精神科医の受診を勧めた。受診の結果、うつと診断された。C子は数週間眠り続けて回復し、彼の支えで受診と投薬をやめる努力が実を結び、数週間で回復した。クライエントはC子にエネルギーをまだまだつぎ込まなければならないことを認識し、携帯電話でC子の要請があればいつでも応じられる体制でケアを続けた。クライエントが自分のペースを無視して母役割を演じたので、C子はわりに早く回復した。ほっとした時、クライエントの体調は崩れた。夫の協力がない一人舞台であったことがショックで、この世でまったく一人ぼっちであるという孤独感がクライエントに襲いかかり、突然涙があふれるようになる。誰を頼ればいいのか、という悩みは、精神的自立には大切なプロセスではあるが、危険でもある。これからも夫とやっていけるだろうかと繰り返し訴えた。精神科医を受診した結果、更年期うつと診断された。クライエントはその診断名に安堵し、投薬に依存していった。精神科医がいつでもメールを許可し、自身もメールを送るというやり方をされることがクライエントの依存性を満足させていった。セラピストにもメールで交信したいと言われたが、やむを得ない場合にかぎり、返事を出さないファクスを了承した。セラピストにはC子とクライエントの訴えがダブって聞こえ、病理もダブって起こることに何かもっと深い病理や理解が必要なのではないかと感じられた。ともあれ、思春期の自分探しと思秋期の自分探しが相似的に進んでいることを重要視していかねばならない。

孤独の中での自己分析はどんどん深まっていった。クライエントは「人間関係に心を砕き、穏便にもめないようにと努力することが生きる知恵で、うまく生きてきたつもりなのに、それが裏目になっていたとは皮肉だ。自分の気持ちは抑圧することがうまく生きるすべだと思っている私とはまるっきり反対のことをしている娘、家ではなく新しい居場所を見つけようと頑張っている姿をどうしても許せないと同時に、うらやましいとも思う。私もそうしたいが、できない。娘の生き方に自分にはかなわぬ夢を重ねているのかもしれない。娘と自分を切り離せない」と涙ながらに語る。

セラピストはクライエントに実家に帰ることを勧めるが、母に迷惑はかけられないと強く拒否された。ある日、「実家に帰ります。もうだめです。休んできます」と、クライエントから電話が入る。クライエントは、実家でずっと寝続け、母や弟のケアのもとで娘に戻り、回復へ向かう。「実家で母のケアを受けることができた。母に二五年間の苦労をぶちまけることができた。母は私がそんな苦労をしているとは夢にも思わなかったと驚き、訴えてくればいいとねぎらってくれた。弟夫婦もじっと眠らせてくれたのでありがたい。やっぱり肉親は暖かい」と語り、自分は婚家で生きていこうと前向きになっていった。一ヵ月を経た頃、夫が迎えに来て婚家に帰る。

第四期　家族の変容と再生（#112〜#135）

夫に自分のほうから近づく努力をし始める。夫も家が重いのではないかというセラピストの指摘に対して、夫は独身の時に、遠方の大学を受験したいという希望もヨーロッパ旅行も、一人息子に何かあったら家を継ぐ者がいなくなるので止めてくれと懇願されたことがある、とクライエントに初めて告白し、二人の間に通じるものを感じたと言う。自分の部屋も居場所もなく、家具一つ動かすことも舅の許可がいるようなイエで居場所を作ることを手始めにしている。夫の書斎を半分区切って自分の空間をもらえたと喜んでいる。姑の気配を感じながらも、ここで自分の動きをしようと頑張っている。姑との関係は、「よい嫁」として評価されることのために自分を押し込めていたので、よい嫁ではないかもしれないが、よい妻ではありたいと思い始めている。夫婦関係の修復が始まったのである。ある日突然、長男が専門学校を受験したいとクライエントに訴えた。大学を出た後二年間家にひきこもって自分探しをした結果、理学療法士という道を見つけたのである。夫にも許可を得たという。以前からクライエントは、長男はイエから出したいと感じていたので、「下宿しなさい」と提案した。長男はびっくりしたが喜んで家を出た。「男が家から出られない」という家族の無意識が崩された。クライエントはあれだけ長男は出したいと思っていたのだが、あっさり出られると放心状態に陥った。しかし、これはすぐに回復した。

その後三ヵ月の間に、夫の手術（副腎摘出）、姑のけが、舅の腹痛が続き、クライエントは気の休まる暇がなかったが、ある日、面接からの帰りの運転中「産み落とされる」イメージを、身体感覚を伴って鮮やかに見た。ぽんと産み落とされた真っ青な世界はすがすがしく、澄んでいて、何の束縛もなく、自由で、ふわっと浮いていた。新しい自分の誕生日だととても感動的に語り、ターニングポイントになる可能性を感じさせた。

その後、結婚記念日に二五周年記念として、新婚旅行で行ったハワイに夫と「再婚旅行」を実現した。C子は彼との初デートの記念日を選んでハワイで結婚式をあげた。世代交代の兆しが現実化し始めている。舅、姑との確執はまだ解決していないが、夫が「舅、姑の言うことは無視しろ。すべて自分に任せろ。おまえのことは生涯かけて自分が守る」と言ってくれたことで元気が出た。すべてを夫に求めている自分がC子とまったく相似形であることを自覚できてきた。家族としての変容はまだまだ時間のかかる課題であることもわかってきて、ゆっくりかまえる覚悟もできた。クライエントはもう一度勤めに出ることを選択した。働いていることが自分にとっても夫にとっても家にとってもいいということがわかったので、無理をしないペースでやっていきたいと思っている。

やっとおちついたとほっとしたのもつかの間、C子が同居を申し出てきた。クライエントは「最終段階に来た」と直感し、同居はできないと強く拒否する。C子は「なぜそこまで私を切るの」と迫った。クライエントはC子が彼を伴ってくることが許せないのと、まだ「自分のイエ」と思えない現在の時点でC子と同居すれば、再び母の役割に縛られることが予測され、自分探しが中途半端に終わるので、「どんなことがあっても阻止します」と言いながら、彼女は「究極的には、C子が嫌いなんだと思います」と述懐した。そして十分考え、家族で話し合った結果、持ち家である近くのマンションに娘夫婦は引っ越してくることになった。まさに「スープの冷めない距離」である。

5　考察

(1)　クライエントの変化と今後に残されたこと——母にとって娘とは誰か

本事例のクライエントは、思春期の当人と二人姉妹のように装い、ふるまうことがよい関係であると思っていた。「本当は彼のことが許せない。別れて帰っておいで」「お母さんと旅行しよう」「あんたは……したほうがいい」など、クライエント自身の好悪をぶつけ、父に対する不満を聞くと夫の不満をぶちまけ、「同じ悩みをもつ仲間」であることを強要する。しかし、娘のほうは、自分と同じように混乱しているクライエントを見ると困ってしまう。さらに母が娘に依存するような逆転した関係が時々起こるので、C子にはクライエントに対する何とも言えない憤りが心の深いところからわき上がってくる。侵略される感じがよみがえり、母と娘の間にあるべき境界を崩される恐怖が襲う。娘が人生を豊かに生きていくためには、母親は娘と同じ歳に留まっているのではなく、年齢相応に成長し、娘からほどよい距離をとれるだけの成熟をしていなければならないのである。

C子と同世代の友人のようにふるまうクライエントの同志的関係は、因果なことに、C子にとっては共感者であり、寄り添ってくれる唯一の支援者でもある。「遊ぼうよ」「今日ひま?」「すぐ来て」とメールしてくる娘と買いものに出かけ、おしゃべりしている関係は蜜月である。クライエントにとってもC子にとってもこんな母娘でありたかったのだ。しかし、この関係は、思春期の一時期はよくても、娘との間にあるべき境界を崩し、人生のガイド、モデルとしての母役割を果たし得ていない。

適切な距離をとることはとても難しい。侵略的な母から自分の生き方を邪魔される不安があると、近づきすぎたり、遠のきすぎたりして不安定となる。C子はその距離感が不安定で、恐れているので、彼との間に適切な距離を置いた健康な関係を築くことができない。彼と母が仲よくおだやかにしていることが自分のいちばんの幸せであるとC子は何度も言っているが、彼に対する母の否定的感情がどうしてもむき出しになる瞬間があって、C子は不安で彼にしがみつき、そしてパニック症状へと進む。この時、クライエントは娘には恐ろしい怪物や魂の殺人者のように感じられているのであろう。C子には、わが子の巣立ちを許さない独占欲の強い「破壊的な母」のイメージが見えているのである。娘は、母親から逃れたいと願いながら母親から離れることができない。母親は、娘を自立させたいと願いながら娘から離れることができない。

心理面接のプロセスが進むと、クライエントにとって今のC子は、自分がどこかであこがれていた姿であることも見えてきた。とはいうものの、C子を肯定し、受け入れ、支えることは自分にとっては酷な課題であると苦渋に満ちた表情で繰り返しながら、C子を受け入れる母役割を遂行していったのである。C子が高校を中退したことが刺激となって、クライエントは大学への進学をめざす。また、C子が「若々しいファッションにしていたらいい」と言ったのを真に受け、C子の世代の若いファッションと茶髪に変身した。夫も若々しい彼女を好ましく受け入れている。この変化は一見好ましいのだが、セラピストとしては単純に喜べない。更年期だと訴えている一方で、C子の世代のファッションが似合う、と喜んでいるクライエントには何とも言えないアンバランスと、無意識的なメッセージが込められているようですっきりしない。

このことにクライエントの無意識は気づいているが、この課題は非常に大変なものであり、彼女は意識レベルでは更年期症状という捉え方をしてはいるが、死ぬほど辛いのである。「同居したい」という申し出により二人の距離感がやっと明確になったと思われる。

クライエントの実母は、夫婦喧嘩が激しく、母が包丁を持って父を追い回すような関係であった。クライエントがそれを目撃した時は、怖くて怖くてじっとなりを潜め、早く終わってほしいと祈っていた。父はワンマンで暴力的、母との相性が悪かった。母はいつも我慢を強いられ、姑との折り合いが悪かった。クライエントはなんとかおだやかに収まってもらいたいと心を砕き、夫婦喧嘩の仲裁に入ったり、いい子にしていれば母が喜んで笑顔を見せてくれると思って、母を悲しませてはならないと肝に銘じたりしてきた。母の希望の職に就くため、クライエントは幼い頃からピアノの稽古に通い、短大に進学し、卒業後は母の希望の職に就き、結婚後も一〇年間勤めた。

クライエントは、結婚後二五年間、一度も実家に相談をしたことがないし、泣きついたこともない。母のあこがれの生き方をしている幸せな娘というイメージを壊すことはできない。常にバランスを保つことを自分の居場所としてふるまっている間に、無意識的にバランスを乱すようなことをするものには攻撃を加え、場を仕切り、操作することが習い性になっていたのだ。自分は母を苦しめるようなことはしないよい子であったのに、なぜC子はよい子ではないのかとの思いが、苦しくなるとクライエントにわき上がってくる。この思いが母と娘の関係を複雑にし、クライエントが娘を素直に受け入れられない基底になっている。母娘間に流れる、母に対するイメージの違いは、クライエントをうつにするぐらい強烈である。この基底にセラピストが踏み込んだ時には、妄想様の知覚障害が生じたり、心身症が現れたりするのを、セラピストは別の何人かのクライエントで経験している。

(2) 長男の妹への暴力の意味

女性に向けられる男性の怒りは、自分が置き去りにされているという感覚から発するものである。

強姦常習者の研究が示すところによれば、彼らはそれぞれの家族からほとんどはじき出されそうなところにいるという感じで成長し、学校生活においても一人ぼっちで暮らしている(62)（10頁）。

クライエントは、長男はいまだに愛せない子どもだ、と告白している。みごもった時、堕胎したいと思ったが、夫に反対されてしかたなく産んだ。本家の直系の後継ぎができたと舅姑が大喜びし、親戚、地域に派手にお披露目し、姑が当然のように子育てを引き受けた。クライエントには好都合だったのですべてを姑に任せ、ほとんど子育てに関わっていない。物理的には十二分に恵まれ、わがまま放題に育った。しかし、C子が誕生すると、長男はC子に激しく嫉妬したようである。クライエントには長男が夫の次に大切にされていると見えているが、長男自身は「置き去りにされている」感覚をもちつづけていたことは推測できる。

クライエントとC子が同性どうしの気安さで雑談をしていると、長男が怒鳴り込んできたことがよくあって、「変なやつ」と思っていたと言っていること、ドクターのところでC子とクライエントが受けた家族関係のテストでは、一位が夫、二位が長男、三位が舅、四位が姑、そして五位がクライエントとC子のヒエラルキーを二人とも描いたということからも、一見高いヒエラルキーを母からも妹からも認められているのに、実質的に母から遠ざけられてきた長男の心が読める。大学卒業後のひきこもり、専門学校進学への支援、とりわけ下宿ができたことは、母を身近に感じた唯一の喜びの体験だったように思われる。現在は何かあれば父親に直接交渉するようにし、父役割を果たしてくれるために、クライエントは「身を引く」ことを課題とし、夫のやり方には干渉しない母役割を果たしている。

子どものある程度の自立、夫との関係の改善と娘の受け入れという、課題を一応達成した時点で心理面接は終結したが、今後のクライエントの課題は精神的成熟であり、これからまだまだ時間がかかりそうである。

事例五

知的障害と強い自己愛的娘をもったために母性を喪失した母親の母性の再生の事例

1 問題と目的

障害をもつ子どもの母は、それだけで罪の意識をもつように思われる。「なぜわが子が」という問いに苛まれ、自分で引き受けなければならない養育と責任の重荷に苦しむ。

筆者の知的障害児の親のグループカウンセリング体験によると、子どもの障害を認めることが最初のハードルである。障害の現実を認めることは非常に辛いので、健常であると思い込もうとして子どもに課題を強制し、それができないと辛く当たるとか邪険にするなど、母性的対応が難しくなる。一方、抱え込んで他者との接触を避け、発達の機会を奪ってしまうこともある。

本事例のクライエントは、人との適当な距離をもつことができず、人に受け入れられない思いをずっともち続けていた。他の障害児が優しくしてもらっているのを見て、自分も障害児として扱われたいという願いを抱くようになり、小学五年の時、障害児学級に入級したが、場面によって普通であると主張する発言や行動も見られ、彼女自身の自己同一性が混乱し、教師や両親も彼女のことが理解しにくいために、学校と家庭でトラブルが続いてきた。

彼女の障害は「知的障害と自己愛」と見立てられているが、周囲の者には理解が難しく、母にとっても彼女をどのように理解し、接したらいいか、また家族がどういうふうに暮らせばいいかなど、わからないことが多い。彼女の不安定な状況は長らく続いたが、ある時から長い髪ですっぽりと顔全面を隠すようになった。そうすることで、彼女は初めて自己の内面を語ることができるようになったのである。筆者が知的障害児と母親の心理療法をしていることが縁で引き受けることになった。

彼女との面接の過程をたどり、彼女が訴え続けて来たものは何だったのか、また、彼女をめぐる母親をはじめとする家族と母性、治療者の関わり方について検討したい。

2　事例の概要

【主訴】

学校で他児への乱暴、先生とのトラブルが絶えない。顔を隠さずにいられない。

【家族構成】

父……四六歳、会社員

母……四四歳、会社員

クライエント（P子）……一六歳、高一

妹……一四歳、中二

【来談経路】

某心理相談施設から、クライエントが治療的関係を求めているとの依頼があり、筆者が担当者となった。

【P子の生育歴と問題歴】

正常分娩。人工乳で育つ。乳幼児期の発達は普通で特に著しい遅れは見られなかった。母はずっと働いていたので、産休が切れると保育所へ預けられた。幼児期をとおして、あまり泣かずおとなしい、手のかからない育てやすい子どもだった。保育所でもおとなしく、一人で絵を描いて遊んでいた。小学一年生の時、登校を渋ったことがあるが、母が叱責すると登校を続けた。時々幼児語を話したり、三歳児のように行動したりしていた時期があるかと思うと、腰を曲げて老女のようにふるまっていたこともある。四年生の時、本人が障害児学級に入りたいと思うようになり、先生の勧めもあって、五年生から障害児学級へ入級する。しかし、同級のE子の髪をひっぱったり、車椅子をひっくり返したり、わめいたりしていた。中学時代は、普通学級の男子が自分を睨んだと男子を怖がっていた。男子を極端に恐れ、いつも何かを怖がっているようだった。高校一年生の六月のある日から、髪で顔を隠すようになる。以来、顔を隠さないではいられない。

【インテーク面接】

母親とP子が来談。P子は髪の毛で顔全面を隠している。「話したいことがあってきました」

と足早に面接室へ。入室し、二、三言しゃべり始めたが、「お母さんに入ってもらったらいけませんか。これから話すことは、お母さんにも聞いてもらいたいので」と、母との同室面接を希望する。

この時セラピストは、準備のできていない状況でクライエントに飛び込んでこられたという印象をもった。が、P子の、今すぐ母親と話したいという気持ちが切実だったのと、セラピストの援助で初めて二人の対話が始まるという感じがしたので、同室面接にした。

小学一年生の頃から、登校時に男子数名からひどいいじめを受けた、とP子が語り始めた。集団登校で、近所の男子数名と、女子はP子一人であった。約二〇分の徒歩通学である。竹藪を通る。そこでトタンに体を押しつけられておしっこをかけられた。やめてと叫んでも助けてもらえなかった。親に言ったらもっとひどいことをするぞと口止めされていたのでおびえながらじっと耐えているしかなかった。母に学校に行きたくないと言ったら怒られた。一人で帰ったこともあるが、先生に、危ないから集団下校をしなければいけないと言われ、どうしてよいかわからなかった。このことを話しだすとP子の身体は硬直し、肩、手足がガタガタと震えて止まらない。話したいことが堰を切って流れだすような感じだった。興奮するにしたがい連想的に話が飛んで理解しにくい。セラピストが話についていくのに少し遅れがあると敏感にキャッチして、セラピストと母親に確認を求める。男子生徒の名前を一人ひとり確認しながら話す。一〇年近く昔のことなのに叙述が正確である。それだけ思いが風化されず積もっていたのであろう。

自分がP子でなくなりたいと願っていた。彼らに私はP子ではないと思ってもらいたかった。

声色を変えてみたり、赤ちゃんになったりした。腰を曲げてお婆さんにもなった。でもＰ子が望むようには見てもらえなかった。当然ながら誰も彼女の意味するところがわからなかった。

母は、この話をＰ子から初めて聞いたので驚愕した。母はこれまで、毎日Ｐ子を迎えに行き、学校での様子を聞き、普通に行動させるために叱りつけ、言い聞かせることで精一杯であった。昔からいじめられていたことにまったく気がつかなかったと、身体全身をこわばらせた。

相談室までＰ子を連れてくるのはたいへんで、男子の高校生たちが下校してくるのに出会うかもしれないと怖がるので、ずいぶん遠回りしてきた。今その理由がわかった。それでもまったく会わないというわけにはいかないので、面接時間を遅くしてほしい。Ｐ子のためになることをしたいと思いつつ、逆のことをやっていたかもしれない。これからは支えてもらえるところができてうれしいと言って、Ｐ子と寄り添うようにして帰っていった。

不登校の子どもがセラピストのところへやってくる時、サングラスをかけてくることがしばしば見受けられる。Ｐ子の場合は心的外傷もあって、自分をＰ子と特定されないようにしたいという心境にあったと思われる。心的外傷に晒されると人は人格の変貌を望む。

Ｐ子の顔隠しは高校入学後に行われており、最初の外傷体験から一〇年もたっている。子どもになったり、老婆になったりと行動化が派手である。これが知的障害の問題なのか、ヒステリー性のものなのかは、この時点では明確でない。ただ現実にＰ子は、顔を晒さないでいることで匿名性を確保でき、心の自由を得ることができた。しかし、顔隠しは他者の目には異様と映り、人との距離は遠くなる。顔を明らかにするためにはペルソナの確保とその基礎になるアイデンティティの確立が必要であり、今回の心理療法にはそれが要求されている。

【見立てと診断】

来所時、医療機関において「接枝統合失調症」と診断がなされていた。筆者は、知的障害と強い自己愛が母子関係を困難にしていることに注目していた。行動化が激しくなった時期にケースカンファレンスに出したところ、P子の行動はヒステリー性のものではないかと指摘された。いずれにしても知的障害を伴うP子の症状は複雑である。

【臨床像と家族像】

P子は長い髪ですっぽりと顔を覆っており、挨拶やおじぎはしない。発音ははっきりしているので聞きやすいが、自由連想的に話が飛ぶので、話の筋がわかりにくい。

母はごく普通の、きさくな感じで、あまり思い悩まない性格だと自分で言っている。父は白黒をはっきりさせたい性分である。次女はおとなしくてよく気のつく子である。

3 面接過程

第一期 過去の体験を語る（#1～#15）

P子は、小学生の時以来聞いてもらいたかったことを、毎回毎回、絵を描きながら話す。絵は、ムック（幼児テレビ番組の主人公）のように面をかぶったものや、ぬいぐるみや神社である。面はP子の症状と近似性があるが、神社の意味は今後の心理療法の過程で明らかになると思われる。

P子の話の中心は、男の子たちのいじめがどんなに怖かったかを訴えることであった。あの時お母さんは「学校へ行きなさい」とどうしてきつく言ったのか、と母に詰問する。

母が、「そんな目にあっているとは知らないし、あんたも何も言わなかった」と反論すると、P子は、彼らに言うなと止められていたし、恐ろしくて口もきけなかった、と母の理解を求める。この時期の母は、P子の気持ちに共感することができず口論となり、しまいにはP子がパニック状態になってわめき続けることがしばしばであった。また、男子恐怖がここにきて強烈によみがえったのは、P子の思春期と無縁ではない。P子は大人としての愛と子どもとしての愛の両方を同時に求めている。

P子は、障害児のX子さんへ攻撃を向ける。なぜXさんだけがかわいがられるのか。私もX子さんも同じ障害児であるのに、どうして私の手は引いてくれないで、一人でしなさい、一人で歩きなさいと言われるのか。どうして私は、X子さんの手を引いてあげたり、面倒をみてあげなさいと頼まれるのか。赤ちゃんになったり、お婆さんになったり、ほうきの松葉杖もしてみたのに、私にはそんなことをしたらだめと禁止ばかりである。私のことは誰もわかってくれなかった。

この話を聞いていた母が、そんな辛い思いをしていたなんて、全然知らなかった。先生から、問題ばかり起こす子だと言われていたので、それをやめさせようと怒ってばかりいた。反対のことばかりしていた。ごめん。辛かっただろう。一人ぼっちだったのだなあ、と涙を流しながらP子に詫びた。セラピストがP子の腕に真新しい時計があるのに気づいて指摘すると、お母さんが誕生日のお祝いに買ってくれたと自慢する。

母は、子育てはわずらわしいばかりで仕事をしているほうが好きだ。仕事がおもしろいと、とことんやるタイプである。今は職場の責任者になり、仕事がおもしろくなってきている。しかし、それを捨ててもP子に償いをしてやりたいと、思いきりよく仕事を辞める。今からでは遅いかもしれないが、できるだけのことをしてやりたいのだと、以後P子の話に積極的に関わるようになる。P子が求めているものは、母親に丸ごと受け入れられる乳幼児体験であり、異性の親の愛であり、思春期の男性への関心であり、それらが屈折して、三重構造をなしているように思われた。

第二期　攻撃性の表出と退行（#16〜#33）

担任の先生との関係、学校での出来事が話題の中心である。現実の枠組みを無視して、感情を生のままにぶつけ、制止がきかないので、先生とのトラブルが多くなる。学校では「顔を隠すな」と言われるけれどそうしない。

ただ、学校場面での退行と担任がP子の能力以上の力を認めて頑張らせようとするのとで、担任に対しての攻撃がひどくなってきた。気分がよいと他児を助けたり、体育祭の応援リーダーをしたり、上手な作文を書いてしまう。特にQ先生に反抗的になる。私の怒っている原因やX子をなぜ嫌うのかをわからせようとするが、Q先生はまだわかってないので許してやらない、と語気が荒い。先生がよかれと思って言った励ます言葉がP子を刺激する。P子はパニックになると、先生に向かうより他児に向かうので、危険である。

心理療法場面でのセラピストに対する態度も同様で、少しでもネガティブなものをセラピストにかぎとると「先生はきらいだ」と怒りをぶつける。〇か一〇〇かという感じである。P子には、松葉杖より『心の松葉杖』が必要と思われる。セラピストは支持的な関係を心がけた。

母の話によると、P子は家では母親にべったりで、手をつないで通学バスまで送り迎えをしてもらっている。母のほうも時間ができて、P子と二人でいるととても優しい気持ちになれる。二人でケーキを焼いたり、話をしたりしている。しかし、母を独占しようとして妹とトラブルが増える。家では寝る時は押入れで寝ている。

同級生のX子の保護者から抗議がきた。P子は、先生がなぜ車椅子の生徒を優しくかばって、私には怒るのかと言って先生の説得に応じない。両親は危険な行為はどうしても止めさせるようにと、厳しく言われている。P子の気持ちはわかるが、もし、それが守れなければ学校を辞めさせられるかもしれない事態になっていると、母親はセラピストに訴える。このような話を母親がセラピストにするのを横で聞くと、P子は母を制して声を荒げ、自分の言い分を必死でわめく。

担任からの申し出により、セラピストは担任の先生三名と面接する。三人のうち一人の先生は、P子のセラピスト的な役割を果たせないかどうか、P子の心の松葉杖になってやれないかと、セラピストは話す。P子がR先生（男性）を慕っているので、R先生自身も集団授業の枠にこだわらずにやってみようということになる。

修学旅行が近づき、P子は参加するかどうか悩んでいる。二四時間顔を隠し続けるのは難しい。担任の先生はだいじょうぶだと言ってくれるが、本当にだいじょうぶだとは思えない。

第二期の終わりに二度P子の妹が面接について来る。悩んでいるのはP子だけではない。自分も悩んでいる。ボーイフレンドをめぐるトラブルで、クラスの女の子にいじめられていると訴える。いよいよ家族全体に関わらねばならない状況になる。それだけP子の問題が深いのであろう。

第三期　登校を拒否する（#34～#50）

学校へ行きたくない。集団ワークが辛い。車椅子の人を連れていくのを頼まれるかもしれない。それが怖いから、言われる前に「あっちへ行け」と言ってしまう。そういう言葉や乱暴が押えられない。学校の方針で、したらだめなことを紙に書いて先生とたくさん約束したけど、守れる自信がない。集団ワークのない土曜日は学校へ行っている。学校へ行けないから、面接にも行けない、と来談しなくなる。以後、しばらく母親面接のみで、Ｐ子とは電話での心理面接になる。

母は学校と家庭の連絡帳を持ってくる。先生からＰ子に電話がかかると「どうして電話してきた、あほ」と言って切ってしまう。しかし、自分が好意をもっている男子生徒とR先生の電話は喜ぶ。クラスのみんなは今頃何をしているのだろう、と学校のことを気にかけている。好きな男子生徒には会いたいと言っている。

家では絵を描いている。この絵が、学校代表で美術館に展覧され、Ｐ子も家族も初めて他人から認められたうれしい体験となる。

日曜日に母が買い物に出ている間にメモを残して、一人でバスに乗って、遠方へ出かけるようになる。Ｐ子が行き先と帰りのバスの時間をきちんと書いて、途中、食堂で食べて帰るから少し遅れますと電話をかけてきたことに母は感激する。こんなことができるようになったと喜ぶ。Ｐ子は居住地を外れると顔を晒すことができる。Ｐ子だと知っている人がいないから伸び伸びできるのだそうである。

学校へ行きなさい、と言わなくなったのはなぜ、仕事を辞めたのはなぜ、と母にしつこく聞く。「お母さん、変わったね。私の気持ちをわかってくれるようになったのだね」と目を細めて納得する。

第四期　担任の先生との関係樹立、家族関係の変化（#50〜72）

Ｐ子は、「集団ワークと体育の時間が怖い。教室で絵を描いていたい。先生に頼んでみようかなあ」

と母にたずねる。母はセラピストに相談してから、学校に相談する。P子の気持ちが受け入れられて再び登校を開始する。いらいらしてきたらR先生を呼ぶという約束もする。おんぶも、手を引いてもらうことも、R先生と二人で話すという要求も満たされる。徐々にR先生に自分の気持ちを言語表現するようになる。

こんなエピソードがあった。母がバス停まで迎えに行くと、P子が警官に呼び止められている。母は、走り寄って行き、「この子は私の子です。変な目で見ないでください」と思わず言ってしまった。P子は、「お母さん、私のために言ってくれたんだね」と、笑みを浮かべて母に感謝した。母はセラピストにそのことを話しながら泣いていた。

P子は、同級生に対しては反抗しなくてもよくなった。私が赤ちゃんになったり、お婆さんになったり、ほうきの松葉杖をしたりしていたのはさびしかったから。やきもちをやいていたけれど、もうよくなった。車椅子の人にもう反抗しない。心がスーッとしたから。A君やB君たちは私と同じ障害なのだろうか、と自分と他児の区別や問題が明確になり、他児への関心が増大する。

登校できるに伴って、父の友人の車で両親と一緒にP子は来談を再開する。父と手をつなぎ、明るい雰囲気でやって来た。日曜日ごとに家族で、P子の希望に合わせてドライブに行くそうである。男子高校生に顔を見られることをとても恐れているが、居住地を出ると顔を晒すことができる。両親ともにP子の発言を楽しめるようになっていった。

数名の彼氏ができた。手を引いてくれたり、帰りに送ってくれたり、中には結婚を申しこんだ人もいる。ケーキを焼いたら喜ばれるかなあ、と異性に対する肯定的な感情を認められるようになった。

第五期　私は知的障害ではない、私は二歳！　私は二三歳！（#73〜#95）

私は知的障害者と思われたくない。身体障害者でもない。もし、私が心の病気でないのだったら、どちらの障害のほうがいいのか？　美術の先生か音楽の先生になろうかな。知的障害者ではないけれど、普通でもないのかなあ。自分の現状に対する疑問や方向性の探求が始まる。

P子は、一人旅を続けたり、祖父母のところで宿泊したり、施設のある地方へ母とバス旅行をしたりして、自分の進路を模索する。できることなら、もう一度幼稚園に行きたい。在宅して母と一緒に暮らすことが望みである。P子は、自分も結婚を考えている。セラピストに通勤距離や家事との両立など結婚した場合の問題点を熱心に聞く。私は田舎に住みたい。お父さんに頼んでみたが、仕事の都合でだめだと言われた。普通のところで働くのは無理だし、施設は泊まりで無理だし、共同作業所のような、絵を描いたり、歌を歌ったり、学校の延長みたいなところへ行けたらいいなあと思う、と将来の夢を考えては現実にぶつかり、現実を考えると夢が浮かぶ。P子の心の時間は、アイデンティティを求めて進んでいくが、現実の時間は待ってくれない。卒業後の進路をめぐってR先生とP子の衝突が繰り返される。P子は不安定と緊張が増加し、授業を妨害するなどのパニックを繰り返す。R先生は学校の方針との板ばさみになり、その葛藤の雰囲気をP子は敏感に嗅ぐ。ドクター、R先生と他の担任の先生方、母、セラピストの話し合いがここでもたれ、学校全体の取り組みへと発展していく。

Ｐ子はマニキュアをぬり、たばこを持ち始める。「私は二三歳になった。不良のようなおとな」「障害者は、マニキュアをしない。マニキュアをしている私は、障害者ではない」と自分の基準で気持ちを行動化する。たばこはＰ子にとってのお守りであることの意味が母にわかり、Ｐ子も持っているだけと言うので持たせることにする。たばこを持つ効果があまりなかったので、二週間ほどでやめる。マニキュアは気にいっているが、マニキュアをしている人は嫌いです、と彼氏に言われてどうしようかと迷う。

第六期　私の障害は神経症（#96〜#108）

Ｐ子は、おちついている時は、雑誌「ようちえん」を楽しんでいる。工作をしたり、絵やカレンダーを制作したり、テレビの幼児番組をかかさず見たりしている。母と一緒に幼児期の子どものようにのんびりするのがいちばんの楽しみである。母とのんびりしていた時、父が突然帰って来た。自分の退行した状態を父に見られ、自分の今の姿に急に戻れなかったことがショックだったらしく、パニックを起こす。二階の自室に閉じこもり出てこない。二階から庭におしっこをする。父が立腹し、「甘やかされて悪くなってしまった、おまえは病気だから入院させる」とＰ子に怒鳴った。そのことが恐怖に拍車をかけた。誰かが来ないかとすごく怖い。お風呂に入っている時やトイレに行こうとしている時に鍵の開く音がすると、ビクッとする。ほんとに怖い。どうして鍵を開けたのと怒鳴ってしまう。鍵を母に確認してもらわないと階段を下りられない。部屋でおしっこをしてしまう。食事は母が運ぶ。必要なときは大声で母を呼び、要求するので、できるだけ言うとおりにしてやろうと母は思っているが、そうすればするほど、母自身のもやもやが次女に向かって、当たってしまう。母の心配は、Ｐ子がこのまま閉じこもって出てこなくなったらどうしよう、夫の言うように病気ではないかという不安であった。Ｐ子の気持ちはわかるし、次女のことも大事だし、母自身しんどくて、仕事ができず、うたた寝と昼寝の毎日である。

「私がなぜ顔を隠すかわかりますか」とセラピストに詰め寄った後、理由を説明してくれる。それは二つあり、顔を隠すと、私であることが隠せることと神経症だと思ってもらえることである。私は目が見えるし足も悪くない。話もわかる。だけど、かわいがってもらわないと生きられない。顔を隠すと、私がしてほしくてもしてもらえないことを、他人がしてもらっている姿を見なくていい。神経症だといくら言ってもだめだと思うと、顔を隠す理由を具体的に言語化した。

父が車を買った。Ｐ子の喜ぶ顔が見たくて決心したそうである。先日、ドライブの帰りに施設があったので、よかれと思って見学した。しかし、Ｐ子は車を降りず、なぜあそこへ行ったのか、私をあそこへ入れたいのかと怒った。Ｐ子は両親に聞かせるためにセラピストに語る。私はドライブしている時は「普通の人」だった。私が顔を隠している時は、神経症でまだ悩んでいる人。セラピスト、両親ともに彼女の説明に納得すると同時に、納得させた彼女の成長を感じた。いつ顔隠しをやめるかは自分で決める、とはっきり三人に宣言した。

この後しばらく紆余曲折があったが、高校を卒業できた。家庭では、料理、掃除などの家事を引き受け、それを家族が喜んでくれることを楽しみに過ごしている。しばらくこのままの生活をして様子を見たいとの申し出を受け、ここでセラピーをいったん終結することにした。

4　考察

Ｐ子は軽度から中度の知的障害があると思われる。Ｐ子は小学校のときからいじめられていた歴史をもっているが、激しい症状が出てきたのは思春期になってからである。彼女は思春期になって初めて自分の問題を学校や親に表出できたとも言えるし、思春期になって性の成熟が始まる段階で問題が表面化したとも言える。幼少期に受けた性的悪戯が性の成熟とともに症状となって出現することは、フロイトの理論や症例を見るまでもなくしばしば観察されるところである。知的障害児の場合、小さい頃から過保護的に扱われることが多く、親や教師の関心の重点が日常的な生活や身辺自立のような直接的な課題に置かれがちであるが、知的障害児の自我形成はこれらの直接的な課題の達成と同程度、あるいはそれ以上に重要である。しかし、知的障害児の自我形成の重大性に対する親や教師の気づきは、彼らが思春期になり、独自の自己主張をするに及んで急に意識化される。知的な統制力の弱さ、幼児性と思春期心性の混淆、伝達能力の未熟さが周りの理解を妨げ、知的障害児の理解されない葛藤、不安、不満を増大させる。どこかにいつも手がかかる障害をもつわが子に対して、両親はいつまでも子どもとして扱い、その枠組みを変えることが、健常児にくらべてできにくい。思春期は知的障害児にとっても思春期である。子どもからおとなになり、アイデンティティの確立をそれなりに果たさなければならない。「私は誰なのか」「障害をもつ私は私なのか」の疑問と課題がいつもP子の心を占めている。その葛藤をいちばんわかってほしいのが両親であり、好きな先生であり、彼氏である。

彼女の特徴はパニックの激しさと顔を隠すことである。河合は「われわれ人間が、この世のなかに適応して生きてゆくためには、外的な環境に対して適切な態度をとってゆかねばならない。外的環境はつねにわれわれに、そのような態度を取ることを要求している。つまり、教師は教師らしく、子どもは子どもらしくある種の期待される行動に合わせて生きてゆかねばならない。ユングはこのような外界に対するものをペルソナと呼んだ」としている。[28] 一般に知的障害をもつ子どもは外界のとりいれとそれに自分を適応させるのが苦手である。P子は小学校低学年から不登校があり、外界への適応に失敗している。身体障害者が周りの人から障害を認められ、それに対応する態度が形成されやすいのに対して、P子は障害の程度が比較的軽いため周囲からは健常児的に扱われる。しかし、実質的には健常児のようにふるまえないため、たえず外界と内界に乖離が生じ、何に同一視してよいかに迷う。それが思春期のアイデンティティ確立の時期を契機として症状が激しくなったものと思われる。ペルソナを意識するがゆえにP子は外界が気になったのであろう。その底には妹との姉妹間葛藤や父親のP子を嫌う態度、微妙な心の動きがわかりにくい母親の心性がP子の行動化を激しくしたようである。

顔を隠す効用は自分の正体が相手にわからないことである。たとえば覆面をした人は、月光仮面やバットマンのように正義の味方と目出し帽の男や銀行ギャングのように、善人と悪人の両方がいる。仮面舞踏会に見られるように大胆にふるまったり、本能や衝動を表出しやすくさせたりする効果を顔隠しはもっている。月光仮面とギャングは正反対の性格をもってはいるが、顔を晒せる時と場所は両者に共通しており、それは、安心できる仲間がいるところである。一人だけの生活の時に顔隠しはいらない。知り合いの誰もいないところで普通の生活を送る時も顔隠しはいらない。

Ｐ子は心理療法の最終過程に入った時に顔を隠す意味を語っている。顔を隠していると障害者だとわかってもらえること、自分がしてほしくてしてもらえなかったことを、他の人がしてもらっている時、それを見なくていいからである。二つの理由は次元が異なる。はじめの理由、相手に自分を障害者だと認めさせるために顔を隠しているのはそのままでわかるが、後者の「見なくていいから」は、顔を隠すことが「目をつむる」ことと同義的であり、自己中心的で現実的な論理は破綻している。自分が見たくないものは目をつぶればよいとの考えは、幼児のかくれんぼ的で自分が見えないと相手も自分が見えないだろうとのイメージがあるようである。自分の正体を見えなくするための顔隠しは彼女の場合はない。隠すよりも目立つためである。まあ、月光仮面もバットマンものような格好で町に現れたら現実では目立ってしかたがないだろうが。

顔隠しをしないですむためには幼児的な愛の要求が満たされること、障害者としてのアイデンティティが確立されること、普通に見られ普通でいられると認知される場所が拡大することである。彼女が顔を晒せる場所は場面緘黙児のそれと似ている。場面が脅威的になればなるほど顔隠しの頻度が増す。彼女の行動化や幼児退行の激しさから初期は接枝統合失調症を疑っていたが、心理療法が進むに従って、また家族の協力やまとまりに変化が見られるにつれて、P子の内界の表明が明白に了解されるようになった。この時点で、面接が再開されることを視野に入れながら、いちおう面接は終了となったが、今後P子が「生きていく」ためにはさまざまな課題が残されている。

事例六

女性性を優先させたキャリアウーマンの母親と対人関係障害の娘の事例

1　問題と目的

母性には、代替不可能な母性と代替可能な母性がある。妊娠出産と人生初期に必要な母性は動物的で、土のにおいのするものである。あるタイプの母はこの本能的とも言うべき母性を発揮することができなかったり、発揮したりすることを嫌う。べたべたした動物的な行為は、自分が動物レベルにまで貶められる感覚で耐えられないのである。子どもの動物的要求はまったなしであるから母の「自己犠牲」的対応を要求されるが、これができない。働く女性の中には、子育てよりも仕事のほうが楽だと仕事をとり、子育てを他者に任せてしまう女性たちがいる。かっこいい新しい生き方を標榜しながら、実は子どもの存在を見捨て、関係を切っているという「影」に気づいていない。子どもが思春期を迎えると、そのことを症状や行動によって気づかせるのである。実母や姑との同居によって、子育てを全面的に任せる幸せを享受するキャリアウーマンは多い。「ますおさん現象」と言われ、今日的家族の形態である。一家に二人の主婦はいらないと言われるとおり、すべてを実母や姑に任せてしまえば心の負担は軽くなる。核家族化が進んでいく中で、婚家とのつながりが切れて、自分だけの孤立した子育てを余儀なくされた妻たちは、夫を唯一の相談相手としているが、それは夫には負担が大きく、不安も大きい。そこで夫をあてにせず、一度切れた実家との関係を再開し、母娘結合を復活させるケースが激増しているのである。こうして、子どもを預けっぱなしで仕事しかできない依存的娘と、孫の面倒をみることで母性的関係の中に退行していく母という組み合わせができあがる。

本事例は、子育てのすべてを実母に任せ、娘的に生き、仕事の中で自身の才能を発揮しようとした女性が、思春期の娘が起こした万引き事件を契機に母として娘と向きあい、母性の再生を果たした事例である。

2 事例の概要

【主訴】

高校三年のE子が、掲示物をビリビリに破いて撒き散らしたり、黒板に書かれたものを消したり、教室の備品を壊したり、友だちのノートを抜きとるなどというトラブルを起こして、先生に注意されたが、本人は覚えがないと主張し、まったく悪びれた様子がない。ほかにも学内に盗難事件があり、生徒や先生からE子らしいと噂が出ており、退学処分の対象になるところだが、心理的な問題があるのではないか、と思われるので筆者に診断してほしいと依頼された。精神科のドクターの診断では、統合失調症の疑いはあるが、おとなへの移行のプロセスに困難をきたし、混乱がこのような形で出ているとのことであった。

【家族構成（面接開始時）】

クライエント…四〇歳　公務員　大卒
夫……………四二歳　公務員　大卒
当人（E子）……一七歳　高校生
次女…………一五歳
母（クライエントの実母）…七〇歳

【見立て】

対人関係障害をもつE子とその母親。

3　面接過程

【初回面接】

E子とクライエント（E子の母）が来談。初めてE子とクライエントに会った時、二人は母子という雰囲気のわかない他人同士といった印象だった。E子は大柄でおしゃれ気のないボーイッシュな人で、視線を落とした前こごみの姿勢でぼそぼそとしゃべる。しかし、クライエントは小柄で、女性的でおしゃれな服装をして、芯の強さを秘めた人だった。

クライエントは、仕事中心のキャリアウーマンで、実母と暮らしているが、家事はすべて実母に任せている。クライエントは、先生に言われてきたが、E子に問題はないと主張し、強い調子で学校に対する不信や先生の無理解を訴えた。学校の先生にE子の問題について話をされてもピンとこないし、自分自身はまったく無関係であるという意識が強く、自分がクライエントという立場になることを拒否していた。E子のほうは、バッグを膝に乗せてファスナーを開けて、中のものをいじりながら、中学時代のいじめられた体験や家のことをマイペースで話し続ける。E子自身何のためにセラピストのところへ来たのかはっきりしていなかった。クライエントは、筆者の面接が学校の処分を決めるためのものでないことがわかり、ようやく心理面接に通うことを決める。しかし、最初は、お昼を一緒にしながら話を聞いてほしいと、心理面接の枠組みに入ることに抵抗した。セラピストが通常の枠組みを崩すなら会えないと主張すると、考えた後に了承する。

E子は、クラスの中で女の子たちとうまくいかないこと、自分には了解できないことがたくさん起きていること、学校の先生や両親との関係でも自分には了解できないことがいろいろあると訴える。たとえば、E子はノートを貸してほしいと頼まれると、すべて気持ちよく貸してあげるし、意地悪はしないけれど、自分がノートを貸してほしいと頼んでも貸してくれる人はいないし、しかたなく自分一人であれこれしていると変な目で見られる。特にB子は、私を困らせるように私のプリントをのぞいたり、ノートを貸してほしいと近づいたりしてくる。先生に、B子に注意してくれるように頼んだが、私のほうが変に思われた。私ばかり先生に注意されるのはなぜなのか、わからない。先生が注意してくれないから、私は自分でB子に仕返しをした。B子のかばんからプリントとノートを抜き取ってやった。B子には当然のことをしたまでだ、とまったく悪びれたところがない。おそらく「事件」もE子のほうには、心の中での妥当性があったと思うが、一種の対人関係障害の問題を抱えている。幼い頃から他者との関係や集団のルールを理解できないままみんなに合わせてやってきたのであろうが、ここにきてそれが破綻し、内的な欲求が直接的な行動となって集団のルールを超えて噴出してきたのであろう。

E子の面接は、学校側からドクターの診断が必要だと言われていたので、セラピストの信頼する精神科医に紹介したところ、E子はドクターを気に入り、彼の心理療法を受けることになった。母親との面接を週一回、K大学の相談室で、母の仕事を配慮して夕刻を選んで引き受けることとした。

第一期　娘の問題行動を受け入れるまで（#1〜#10）

「こんな事態になるとは夢にも思っていなかった。E子は実母に任せていたので、幼少時のことはまったく記憶がない。仕事から帰るとごちゃごちゃと言ってくる子だが、私はその話が聞けない。E子は「センス」がないので私とは合わない。E子の行動パターンは、夫のそれと酷似している。

幼い頃は、異常なほど「お父さん子」で、二人はクライエントにとっては不思議な存在だったと、述懐する。クライエントは実母と同居する見返りとして、家事、育児のすべてをしてもらっていたので、煩わされることなく仕事を楽しめて幸せだった。だから、E子の対人関係の原型やルールは、おもに夫と母から得たものだ。夫と母の関係は複雑で、お互いに抑圧的な関係だった。母がE子の母親代わりで、クライエントはE子の母としては存在しなかった。

ところが一一歳で初潮がきて、E子に娘らしさが出てきた頃から、夫の態度ががらりと変わる。たとえば、女の子らしい飾りのついたバッグを持っていると、それをいきなり庭に放り出したりした。夫は男三人兄弟で育った人なので、女の子が大人になるということがよくわからず、一種の接触障害を起こしたのかもしれない。それまでは父親っ子だっただけに、E子は大きな混乱を起こした。

夫の論理の枠組みからは、この時期の女の子の人間関係の有り様は見えないしわからない。そこで父が自分にしたのと同じパターンで、E子は学校や友だちに対してやっているのであろう。その上、彼女は父の行動や行為の一つ一つを対象化できない段階にとどまっている。このような未熟さや幼さは、E子の素因と育てられ方の両方に関係していると思われる。どこまでいっても混乱するばかりで、女に生まれたことをどのように引き受けていいかわからない。E子は女の子が通る自然な発達段階を経てきていないので、この他にもいろいろな「忘れもの」があるようである。これがたくさんになると、知的防衛もあちこち綻びだす。ルールがわからないとおとなになれないし、自分の中で折り合いもつかないし、他者や社会との折り合いもつけられないだろう。

夫はかなり変わった人で、クライエントにお酒とタバコと耳かきを定位置にセットして置くことを要求する。定位置に置いておかないと、うろうろしておちつかず、烈火のごとくクライエントを叱責する。また、その定位置は誰も座れない占有場所になっている。感情の起伏が激しく、家庭では緘黙に近い状態でむっつりしているが、娘のしていることや妻の対応に気に入らないことがあると、発作的に殴るとか、大声で怒鳴るなどといった激しい行動に出る。時には自分の枕を持って家を出てしまう。「おかしいでしょ、変わってるの。そこが私にはかわいくて味があるの」と微笑む。夜が更けて非現実の世界に沈潜してくると、クライエントは夫のこころの深みを詩にする。

夫には二面性があって、家では無口だが、一歩玄関を出るとその瞬間に面を付け替えたように人が変わり、愛想がよくなる。職場での夫は温厚な中間管理職として信頼されている。理解の域を超えているところがクライエントには不思議な魅力である。

E子の〈事件〉は、彼女の生育歴における人間関係に問題があり、現実世界の把握が困難なまま青年期に至らざるを得なかったことと深く関わっていることが見えてくる。思春期以後、夫の怒りがE子に向いているのは、二人がよく似たパーソナリティなので、自分の影を相手に見て衝突し攻撃しあうのではないかと思っている。

たとえば、夫がE子を学校へ車で送って行くつもりで、E子が出てくるのを外で待っているが、E子がそうとは知らずゆっくり出てくると、その日は突然「降りろ」と言って、途中で降ろしてしまう。E子はなぜ父がそうしたかがわからないので、夜、CDの音を大きくして父に抗議する。これに対抗して父のほうもTVの音を大きくする。また、E子の部屋が片付いていないと、本やかばんを庭に放り投げてしまったりする。いっさい説明がないのでE子には不条理が起こっているとしか思えない。しかし、旅行のお土産に買ってきた真っ赤なポシェットをにこりともせずにE子に手渡したりする。E子のほうもありがとうも言わずにそのあたりにポイッと放り出しておいたりする。これらの行き違いの底には、夫の女性観のゆがみがあるように思われる。

このような夫をクライエントは、「高倉健」のように寡黙で男らしいと思っている。ちょっとやそっとでは動かない大きな岩のように感じる、と言う。クライエントの夫イメージにセラピストは何とも言えない違和感をもった。父と娘は似ているのに、クライエントは夫に対してはポジティブであって、E子にはネガティブなのはなぜなのだろうか、とセラピストは思った。

第二期　E子の育て直し（#11〜#18）

クライエントはセラピーに意味を見出し、自分の課題はE子の育て直しと、自分探しだ、と言う。最近、詩が作れなくなっていたが、セラピストとの面接を重ねていけば自分が見えてきそうだと思うので頑張りたい。実母が見ていてくれたため、クライエントにはE子の幼い頃の記憶がほとんどない。べたべたした動物的な子どもとのかかわりには嫌悪感しかない。それは自分が動物レベルまで貶められる感じがするからである。当然、授乳もしていない。娘との出来事で思い出すのは、一一歳の時のことだった。それは風呂場で恥毛を剃っているE子を目撃したことであると語った。

セラピーでE子の一七年間をふりかえることは、クライエントにとって抵抗がある苦しい仕事だった。E子に対する腹立たしさやわずらわしさ、避けたい気持ちなどが錯綜していたが、だんだん自分の問題として引き受けるようになっていった。家庭が抱えている問題や夫との関係、これからの人生を考えていくようになる。E子がワイルドな世界を抑圧的に抱え込んだまま一七歳になっていたことに対する痛みが、クライエントの涙とともに語られるようになる。

マスコミで「ますおさん現象」と言われているが、クライエントも、働くことに幸せを感じ、子育ても母親との関係の中で通りすぎていき、母としてのイニシエーションを経ず、娘のままに生きてきたのである。E子としっかりつきあっていくうちに、夫との間でわだかまっていたものが、月の裏側を見るように見えてきた。魅力であったはずの夫の無口さや個性がそうではなくなってきた。なぜ自分が娘を受け入れにくいのか、娘を遠い存在にしてできるだけ関わらない形でおとなになってもらいたいと思うのかを問い続けていたら、夫のわかりにくさや夫との距離の遠さを、実は恨んでいたり、さびしく思っていたり、嫌っている自分がいたこと、自分と夫との絆がまったく切れて背中合わせになっていることなどが見えてきた。自分たち夫婦は今も男と女の関係で生きているが、父や母としては生きていない。

これはクライエントにとっては辛い洞察だった。少女のように元気だったクライエントは、うつ的になり、仕事を休んだり、味覚がなくなったり、声が出なくなったりしてしまう。クライエントとE子の関係の修復は、E子がクラスメートから抜き取ったノートやプリント、万引きした小さなかわいいぬいぐるみなどをクライエントに見せた時から始まる。E子はインテーク時にセラピストに語っていたB子とのトラブルをこの時期に語ったようである。クライエントにとっては、「青天の霹靂」で、しばらくは言葉が出なかった。E子とクライエントの間には、万引きについての受け止め方に大きな違いがある。E子にとって、モノは貸し借り自由なもので、もともと誰の所有といった感覚はないのではないかと思われる。ようやく「母」を始めたクライエントに、痛々しいくらい無心に自分の世界や気持ちを、他人から〈借りている〉そのモノをとおして語っているのかもしれない。結局クライエントは、E子が万引きした品物を預かり続けることにする。それはクライエントがそれを持ち続けている間、E子の罪とジレンマを共有し、このことから逃げないという意味の確認だった。クライエントが母として娘に関わる儀式だった。

しかし、実際に娘を抱えていくことは難しく、娘から逃げたい思いが強かった。学校での問題に関しては、セラピストに依存的になり、「先生がなんとかしてほしい」と言い、両親ともに蚊帳の外にいようとしがちだった。E子の学校での様子は変わらず、トラブルを次々と引き起こす。その一つは、E子の学校の象徴とも言うべき神聖な品物を破壊したことである。これは他の生徒への影響が大きいので、退学を迫られるという事態が起こる。このようになっても、クライエントはセラピストに依存的で、「学校の先生がおおげさに言ってるだけ」「学校で起こったことに親は関係ない」など、状況把握が甘いので、セラピストは意を決して、クライエントが協力的でないとこれ以上E子を引き受けることはできない。学校に対しては親としては言い分があるだろうが、今はE子を優先させることが大切なのではないか、とクライエントに迫った。クライエントは、恥ずかしいので学校へ行きたくないこと、夫が行くべきであること、セラピストになんとかしてほしいことを、延々と訴えた。セラピストは「先生の言われることを黙って聞き、そのまま袋に詰めてセラピストのところへ持って帰ってくる気持ちで行けばいい。これは『お参り』なのだ」と言ったら、ずいぶん我慢して学校へ行ったようであった。学校からの帰り道で、「情けなくなって泣けて泣けてしかたがなかった。気がついたら一時間街をうろついていた」と言う。

それがクライエントのターニングポイントとなり、それからクライエントはE子と一緒に風呂に入り、一緒に寝るようになる。E子は体がとても硬く肩が異常に凝ることを発見し、寝る前にクライエントがマッサージしてやるようになる。クライエントとE子との関係が深まっていた頃に、CDの音が大きすぎることがきっかけで夫がE子の部屋に飛び込んで殴りかかりそうになるという事件が起こった。いち早く気づいたクライエントがE子の前に立ちはだかって、「E子の代わりに私を殴って」と叫んだので、夫は挙げた手を下ろして静かに立ち去った。このような場合、今まではクライエントは傍観者であったけれども、今回初めてE子のお母さんができた、と感慨深い様子だった。これはE子にとっても「お母さんが私を守ってくれた」と実感できた初めての体験となった。夫にしても、初めて妻が自分に対峙して来た体験であった。

第三期　E子の不登校とクライエントの自分探し（#19～#35）

E子は、その後も相変わらず学校でトラブルを起こし、学校側からセラピストに、退学を勧めてほしいとの依頼が来る。事態が深刻な様子なので、一度面接を勧める。来談したE子は「学校には行きたくないが、卒業したいから無理して行っている」と言う。卒業にはさしつかえないこと、大学に行ってからやり直しがきくということを確認するとほっとしたようで、不登校できるようになった。ケーキ作りに凝り、進学のための勉強をするようになる。何か困ったことがあるとクライエントの仕事場へ電話してもよいことになった。些細なことで電話をかけ、母親のケアを楽しむようになる。今では外との緊張関係にエネルギーが分散されていたが、この五月雨的不登校によって家の中が自然にまとまってくる。E子とクライエントとの関係が密接になってくると、E子は、おばあちゃんは私を叱ってばかりで怖かった、とポツリともらす。クライエントは、実母から「E子はいい子だった」という報告を毎日受けているので、E子と祖母がもめていたのに気づかなかった。クライエントは家庭のもめごとが嫌いで聞きたくないことを知っていたので、E子も祖母もクライエントの耳に入れていなかったのだ。そしてクライエントは、自分が娘時代に母とことごとくもめて、大学に入ったのを機に自立したことを思い出す。E子と祖母がうまくいくはずがないとわかっていたのに、母に任せてしまったことを後悔する。同時に、自分は母に大事に育てられなかった恨みを、母に娘（E子）を育てさせることで代償させたい想いがあったことに気づく。実母は再婚で、クライエントには年の離れた義理の姉が三人おり、母はなさぬ仲の姉たちに気をつかって、クライエントはいつも後回しにされていたのである。

クライエントはE子を自分で育てなかったことを悔やんだとたん、実母の存在が煩わしくなる。今までのE子への冷たい対応を責めるようになった。E子の肩をもつ発言を機に母はクライエントと激しく喧嘩をして、「私は望んでここに住んだわけではない。（クライエントの）言いなりになりたくない」と言い残して、クライエントの妹のところへ行ってしまった。

第四期　家族関係の変容と再生（#36〜#45）

こうしてクライエントの母、クライエント、E子の三代にわたる「女の葛藤」が表面化した。E子には二人の母がいたわけで、このことはクライエントが自分の娘性についての考えを整理するきっかけとなる。姉妹のこと、叔母やいとこのこと、なぜ母を引き取ったのかなど、クライエントは自分のことを整理し始めた。実家の雰囲気が重苦しかったこともあり、大学を出ると、家を出てすぐに結婚した。結婚も自分の都合でしたとの意味が見えてくる。

家族関係が変化していく中で、少しずつ生の感情が家族の中に流れ始め、夫婦関係にも変化が見られるようになる。クライエントは、夫が職場でどれほど辛い立場にあるかを少しずつ聞き取れるようになったし、理解を示す言葉も出るようになってきた。三点セットの横に自分が感動した本をさりげなく置いておくと、それがなくなっていて夫が読んでいることがわかる。夫のほうから職場での助言をクライエントに求めたり、部下を家に連れてきたりするようにもなった。これまで夫はクライエントの母やクライエントに対して向けるべき感情をE子に向けていたが、それをクライエントに向けるようになった時点で、クライエントの声が出るようになり、味覚も回復した。

クライエントの症状が回復してくると、今度は夫のほうに問題が起こる。夫が自動車の追突事故にあって倒れる。連絡を受けたクライエントは飛んでかけつけた。まだ救急車が来ておらず、道路わきに横たわっていた夫をかいがいしく介抱すると、夫が「お前がいてくれるだけでいい」と耳元でささやく。クライエントは、これからも二人で生きていこうという意志を確認できた。「再婚」

の儀式だと感激する。これは子どもが独立した後につながっていく大切な関係の基礎になり、父と母が連合して子どもに接する条件ができたことになった。

E子は、浪人した後大学へ進学する。その頃からお化粧をし、おしゃれも身についてきてカウンセラーが見ちがえるような生き生きとした娘さんになる。終結の時、クライエントは家の歴史をふりかえって、わが家は、自殺したり、夭折した人があったり、他にもさまざまなことがあった家だが、そういう生きられなかった人の命のおかげで私たちは生きられている。そう思うと、私たち一人ひとりの命は重いですね、と語った。

4　考察

(1)「母性」機能の要件

母性の機能の一つは「自己犠牲性」である。子どもに対しては何の恩も着せずに、ごく当たり前の自然発生的な感情の発露として子どもの欲求に応じることができる。特に生後まもない子どもは、こちらの都合はおかまいなしに自分の欲求をつきつけてくる、扱いかねることの多い存在であるが、それでもこちらの都合を犠牲にして合わせていけるのは、子どもが反応してくれるからである。お互いに相手を求め、メッセージを受け止めあって満足する喜びは何にも代えがたいものである。つまり、自分の都合や事情よりも子どもの都合を優先させて、恩に着せずに子どもの欲求を満たすという自己犠牲性を中核に置く。子どもに育てた苦労を話し、恩に着せる親に対して、思春期の子どもにできる対抗手段は、せいぜい「産んでくれなければよかった」「頼んだわけではない」「生まれてこなければよかったんだ」と叫ぶぐらいのことであろう。親の苦労や自己犠牲的努力についてはわからせるものではなく、親の態度から子どもが感じ取るものである。子どもに親の苦労を話したくなった時は、親が人生に疲れた時であり、親自身の人生に対する失望が隠されている。親が子どもに自己犠牲を伝えると、子どもを自己否定に陥らせることになり、人生そのものに失望を感じさせることになる。

二つめは「子ども主導性」である。子どもは自分の欲求をいろいろなサインでたくみに表す。赤ちゃんは泣くことで自分の欲求を知らせるので、親はそれを直感的に読みとって応じていけばいいのだが、最近この読みとりがうまくできない母親（親）が増えている。親の事情が優先されて、親がサインを出し子が従うほうが親には楽である。動物の子育てを見てもわかるように、子どもは親のサインに従順であるので、これを使いだすとどうしても親主導になり、子どもの欲求が無視されることになる。動物は、よほどの危険が迫っている場合以外は、親がサインを出すことはまれで、多くの場合、子どもの出すサインに親が従っている。言葉を使用する人間は、複雑なサインを親主導で出す動物である。それが昂じてくると子どもの心底の欲求が無視され、次に示す事例七のような深刻なレベルに至ることになる場合があるのである。

三つめは「癒す機能」である。人は誰でも、元気な時は社会的に外に向かって頑張れるが、つまずいたり、挫折したり、疲れたりした時には、心を癒してくれる人や時間、空間が必要になる。ほっこりと温められ、エネルギーがチャージされて元気になるような、そういうものが「母」の機能である。

(2) 「献身する」ことのできない母の病理

クライエントは、どろどろした関係の渦巻く実家を嫌い、大学受験を機に家を出た。動物的な母子関係を軽蔑し、生活レベルのもろもろを自分から切り離して生きようとする、代替不可能な母性を否定する女性であった。授乳やべたべたした関係は自分が動物的レベルに堕落させられる思いでぞっとすると語るクライエントは、それを実母に担わせようとしたと思われる。母が義理の姉たちに気づかうあまり、クライエントと妹は母から十分な母性的養育を受けられなかったこと、妹が思春期に自殺したことなどの体験が、生の感情を切り離して生きることになったのであろう。詩を作り、べたべたしない大人の「粋な関係」をめざすクライエントは、身体感覚や感情との乖離が生じていたのである。

E子との関係修復が、背中を掻く、一緒に寝るなどのスキンシップの形で進んだこと、母親的になっていくプロセスで味とにおいを失うという、原始的感覚に症状が出たことは、意味深い。

(3) 実母との結合関係の終焉——娘から母へ

クライエントは、夫のふるまいを「個性」と評価し、娘に対する突然の行為もとがめていなかった。しかし、娘にとっては理解の域を超え、母の守りを必要としていた。そのことがわかり始めて、クライエントの母親としての感情や行動が出始めると、夫に対する直接的な行動や攻撃的感情が出てくる。これは夫には不可解であり、娘には守られている感情が満たされていくという、母娘関係と夫婦関係の拮抗的関係の不思議さを感じさせるものであった。

しかし、実母との関係はうまくいかなくなった。クライエントの母娘結合は、実母が家を出るという行動によって決裂に至った。これはクライエントの実母からの自立であり、クライエントが母となっていくターニングポイントであった。

実母と夫の関係もよくなかったことが少しずつ解き明かされ、夫に対する気持ちも変化する。そのことをまったく無視してきたことを申し訳なく思い、夫が男兄弟の中で、父のスパルタ教育を受けて育ったことも受け止め、二人の娘の思春期は母である自分が引き受ける決意をした時点で、母娘関係は安定していった。

事例七

地域性とイエと旧守的夫に縛られたため母性を発揮できずに、二人の子どもに先立たれた母親の事例——誰が犠牲になるか

1 問題と目的

現代は、母が「母」として成り立ちにくい状況であるように思われる。子どもを産み育てることだけでは、女性は誇りに思いにくいし、子育てと仕事の両方をしていると「子育ては仕事にマイナスになる」と感じることさえある。ここに女性たちが子どもを産むことを躊躇する心理を見ることができる。少子化現象は社会問題化し、子育て支援が行政的施策として実施されるようになってきている。確かに「母はかくあるべし」という旧来の縛りは制度的にも社会意識的にも希薄になってきているが、それにとって代わる「母イメージ」が、マスメディアから提示され、不気味な勢いで人々の意識に染み込み、固定化されつつあるように思われる。女性たちは自分たちの母たち以前のように「虐げられ、抑圧的な」生き方は拒否するが、「ただの主婦で終わってはいけない」「仕事をしていなければだめ」との言葉がほとんど呪文のように繰り返されているので、今度はそのイメージに合わせねばならないと思い込む傾向が見られる。結局「かくあるべし」と同じ枠に女性たち自らはまっていく危険性が感じられる。子を産み育てることに行政が踏み込むこと自体奇妙な現象で

あり、母がどうあるべきかという議論は本来的ではない。なぜなら「母であることを幸せなこと」として体験している人は、そういうことを言葉にしないであろうから。マスメディアによって与えられる母イメージに合わせようとすると、自分の中からの声が聞こえなくなり、本来素朴で直感的な母ができにくくなるのである。母性は母に限られた属性ではないので、第Ⅰ部で論じたように代替可能性と代替不可能性の視点から論じる必要性があると考えられる。さまざまな要因が輻輳しているのが現代である。

本事例のクライエントは、自分自身の感情を抑圧して淡々としていなければ生きていけないようなすさまじい感情の軋轢の中で、家族の「和」を何よりも優先させて自己犠牲的に生きたつもりであったが、子どもの世代に犠牲を出してしまった。クライエントが母として子どもの育て直しをやっていくその途上の出来事であった。セラピストは面接に訪れる人がクライエントであると捉えてセラピーをやっていたが、その場に布置されている世界がどれほど視野に入っていたかは疑問である。セラピーは起こっていることの全体図が見えていなければならないこと、セラピストの「器」を超えた事象が起こる危険性について考えることが課題である。

2 事例の概要

【家族構成（面接時）】

クライエント…四七歳　主婦、パート勤務
夫……………四五歳　会社員
長男…………二四歳　会社員
当人（A子）……一九歳　高校卒業後アルバイト
次男…………一七歳　高校生

【来談経路】

A子は大学受験に失敗した後、リストカットをした。A子の強い希望で、父の反対を押し切って公立B病院の精神科を受診した。医師に「親の問題なので、親に会ってください」と言って母親を診察室に入れ、すぐに病院を抜け出した。母は医師に心理面接を勧められ、筆者に紹介された。

【家族歴とA子の問題歴】

クライエント（A子の母）の夫はF県出身で、男尊女卑思想のワンマンな会社員である。売り上げを上げることに一生懸命頑張る優秀なセールスマンであり、早ければ数ヵ月、長くても二年前後で転勤がある。家族はそのたびにふりまわされる生活であった。

夫は高校卒で苦労したので、国立大学でないとうだつがあがらないという偏見に近い信念をもっており、私立の受験は認めなかった。長男は国立大学に入学したが、A子は父の勧める国立大学受験に失敗し、もうおしまいだと思いつめて家出。水商売に就こうとしたようだが、断られて帰宅する。その頃から人が変わったように荒っぽい言葉を母や弟たちに吐きつけ、時にはかっとなってはさみを投げるなどパニックを起こすようになった。「大学へ行けないのなら働け。ごくつぶしは出て行け」と父に怒鳴られて、リストカットをした。

【見立てと面接構造】

A子の適応障害が前景に出ているが、家族の病理が予測された。A子と母、セラピストで話し合った結果、A子は不定期に来談したいこと、A子の勧めもあったが、母が自分のことも含めてセラピーを希望したので、週一回の面接を引き受けることにした。

3　面接過程

第一期　家族の現在までを整理する（#1〜#16）

A子が自分の部屋に閉じこもってしまった。話しかけると荒い言葉で拒絶するので、困惑している。夫は贅沢病だ、怠け者だと叱り続け、なんとかしろと怒鳴る。育て方が悪い、世間体が悪い、気分が悪いとわめきちらすので、なんとか穏便に解決したいのだが、と同意を求めるように話す。クライエントは穏やかかな、気のやさしい雰囲気の主婦であるが、しわの深い目じりに苦渋が読みとれる。

夫や姑、義理の姉たちに、常に「働かない女はごくつぶしだ」「女は男に逆らうことは許さん」と言われて、クライエントの女性性はいつも傷つけられてきた。夫は六人きょうだいの末っ子で、唯一の男子なのでわがまま放題に育っている。C県では暮らせず、クライエントの実家に近い地域に今の仕事を見つけて引っ越してきた。クライエントは毎日淡々と家事をこなし、家の中にトラブルが起きないようにすることを第一に考えて、子どもと夫がもめそうになると、A子たちに夫を怒らせないように行動することを要求した。たとえば、やめなさいとか、お父さんに謝りなさいとか、言うとおりにしなさいとか。今もそのパターンは同じ。夫は、仕事の合間や昼食時に突然帰ってきて、相手のペースにはおかまいなく、あれしろ、これしろ、今から食事に行くから準備しろなどと言う。

子どもたち、特にA子はこれまで父の度重なる転勤で、新しい環境に適応する苦労をしながら、父に褒めてもらいたい、母を悲しませたくない一心で頑張りとおしてきた。常に非常によい成績をおさめ、先生のお気に入りの子でとおしてきたが、父は特に褒めることはしないし、母親も心のゆとりがなく、特に何かを褒めたりしていない。むしろA子には家事を手伝わせていた。A子は一度もこうしてほしいとか何かを買ってほしいとか要求したことがない子どもだった。A子の中には、母を求める気持ちが人一倍強かったにちがいないが、母を支える気働きがそれを表出させなかったのである。

A子は、保育園に通っていた頃から、母親が家事と子育てで忙しいことを理解して、「私のことは心配しなくてもいいよ」「私がやっておいてあげる」と言って、留守番はするし、弟の面倒はみるし、手伝いを進んでする子どもだった。A子はそうすることで、母親に愛してもらえると思っていたのだ。しかし、クライエントは「言葉どおり」に受け止める人なので、A子のことは安心して手を抜いてしまった。A子がさびしがっており、母に抱きとめてほしかったことなどは、今回訴えられるまで思ってもいなかった。クライエントの記憶では、男の子二人を前と後ろにおんぶと抱っこをし、A子がいつも後からちょこちょこついてきた、という光景は思い浮かぶが、A子を抱いた感覚は残っていない。

A子は、父母の諍いをずっと見てきて、母親の愚痴を全面的に受け止めながらも、表面的には明るくおっとりしていたので、クライエントは娘の心が傷ついていることがわからなかった。転校した時も、クライエントは娘が新しい環境にスムーズに溶け込んでいると思っていたが、A子自身は相当しんどかったのである。

長男は国立大学を卒業して、現在は会社員。自分の世界を外に求めて家族との接触を避け、家では淡々と過ごしていて、家族のもめごとにはいっさい関わらない。

六回目に父が突然来談。「A子が働こうとしない。大学受験に落ちるような馬鹿なやつは、何でもいいから身分相応に仕事をする以外にないということがわかっていない。わからせるために家を出て行けと言うが出て行かない。二〇万やるからこれで何とかしろと言ってもいいか」。〈今家を出て生きていけると思いますか〉とセラピストが問いかけると沈黙の後、「できませんな」。〈あえてお父さんが強行されるのであれば、死もやむを得ないとの覚悟がいるでしょう〉と言うと、「出て行けとは言わないことにするから、よろしく」と頭を下げて帰って行った。

第二期　抑圧されていた感情の表出（#17～#40）

クライエントは話すことがあふれてくるようにしゃべり続けた。次男は、やさしい気持ちの子どもで、ほとんど自己主張をしたことがない。様子を判断して迷惑をかけないように行動する。ところが、今回、大学受験に際して、私立を受けさせてほしいと父に頼み込んだので、びっくりし、怒鳴られないかとひやひやしていたら、あれだけ頑固だった父親が、すんなり許可した。ところがA子にすれば、自分は許可されなかったのに、弟は許可されたことが腹立たしかった。これだけ苦しんでいる私は何なのとクライエントに詰め寄る。そう言われてもクライエントには何もできない。

クライエントはA子に「お母さんなんか『お母さん』じゃない!」「出て行け」「実家に帰れ」という激しい言葉をぶつけられた。やっぱりA子は病気ではないかと、心配である。私が出て行ってうまくいくなら出て行こうと思わないでもないが、A子の言うことは常識では考えられないひどい仕打ちだ。私の苦労をわかっていない。女らしくない子だ、と娘を非難する。〈激しい怒りがこみ上げてきたように感じられますが、どのように対応されたのですか〉とセラピストが聞くと、クライエントは、頭に来ていたが、ここでカッカしてはいけないと思って、これまでの生活がたいへんだったことを説明した。クライエントは、「私が本音の感情を出していたらA子も家族も今はなかった。私は自分の感情機能を抑圧しないと生きてこられなかった。親は自分を気づかってくれていたので、私も母に心配事や愚痴を言ったことがない」としみじみと話した。セラピストは、A子の処し方とクライエントのそれとの類似性を感じた。クライエントは結婚後も自分が実家でどのように思われているかに関心がある。現在は弟夫婦が母と同居しているがうまくいっていないので、母のことが心配であり、「できれば自分が引き取りたいが、夫やA子の反対があるのでできない。だから仕事の帰りにこっそり実家によって母の面倒をみたり、お小遣いをあげたりしている」と誇らしげに言う。クライエントは「夫がいい人であったら母の面倒を十分にみることができるのに、させてくれない夫が恨めしい。自分の居場所は実家ではないかとひそかに思っている。しかしそんなことは口が裂けても言えることではない」と夫への不満を述べる。自分の感情を表現することが怖く、淡々として日常生活を営まなければ生きられず、すさまじい感情の軋轢の中で生きてきたクライエントの姿が察しられた。クライエントが悪かったからA子がこうなったという単純な因果関係で捉えることは避けなければならない。妻として母として、クライエントはクライエントなりに必死に生きてきたことを理解し、それが悪かったと指摘しても何の解決にもならないだろう、とセラピストは心する。

第三期　育て直しと育ち直し（#41～#65）

A子に「あんたは○○家の人ではない」「お母さんではない」と言われたことがきっかけとなって、クライエントは自分の内的世界の探求を始めた。現実に、A子がクライエントに代わって主婦をするから「家計簿」を渡してほしいと要求してきた。それで気がすむなら、と家計費と家計簿を渡した。A子は、新聞の折り込みチラシをため込んで研究し、一円でも安いスーパーへ出かけ、浮いたお金を貯めて、自分のほしいものを買っている。お小遣いをあげようと言っても働いていないのでもらえないと一円もほしがらないので、これは罪悪感をもたずに使えるうれしい体験なのであろう。おもに家庭用品を買って押入れにため込んでいる。いつかは一人暮らしすることを強いられているし、自分でもそれを望んでいるからであろう。クライエントはA子の甘えを喜び、育て直しをしているという意味を得て生き生きしだした。

自分も、夫の愚痴を言うだけではなく、現状の範囲内で最大限のことを探してやっていこうと思うようになり、A子のために仕事を辞めるべきかどうか悩んでいたが、家事をA子に任せて自分は稼ぐことに決めた。条件のいい職場に転職もした。家事をめぐってA子と母の会話ができるようになってきた。

次男は、せっかく希望どおりの大学に入学したにもかかわらず、半年で登校できなくなり、休学が続いていた。外に出ているクライエントは知らなかったが、次男に打ち明けられて驚いた。次男はひきこもりの状態でA子とともに家事を手伝い、父親に知られないかとおびえながらも、いつまでも報告できなかった。しかし、Z大学の学生相談室には通っていると言うので、干渉しすぎずに距離を保って見守っていた。

第四期　二人の子どもの死——生きる意味の探求（#66〜#97）

「次男が亡くなりました」とクライエントに告げられて、セラピストは言葉を失った。クライエントは、あのことが原因になったと泣き崩れた。ある晩遅く、次男が友人の車できげんよく帰ってきたところ、夫が血相を変えて家から飛び出してきて、「うちの息子になんてことをするのか。二度と来るな。出入り禁止だ」と怒鳴った。彼はその友人が帰ってから「お父さん、心配しなくてもいいよ。彼はもう来ないよ」と言ってにっこり笑った。実は彼は大学をやめて働こうと決心し、相談にのってくれた友人の援助で就職試験を受ける会社を見に行き、話し込んでいて遅くなったのだった。この時彼はこの世と切れたのである。自殺したのはその三日後だった。クライエントはしばらく無言でいたが、「彼がなぜ死ななければならなかったのか考えたい」と、冷静にいきさつを話し始めた。

次男は、いよいよ卒業年度になり、これ以上父親に黙ってい続けることができず、ひそかに友人につきあってもらいながら就職先を探していた。働かねば家にはいられないということをよく知っていたからである。しかし、三月になっても彼から就職の話は出なかった。クライエントとしては父に怒鳴られる前に事情を聞いておこうと思って、どうなのかと聞いたら、苦しそうだったので、学生相談の先生に相談しなさいと言っておいた。その数日後、春まだ寒い日の夜中に風呂場を目張りして、そこに学園祭の模擬店で使用した練炭コンロを持ち込んで自殺した。家族のことを気づかい、自分自身も精神的な危機状態にあった次男は、どこまでも自分を主張せず、その哀しみを国家間の危機に託した文章を残して逝ってしまった。

弟の自殺を最初に発見したのはA子であった。彼女は自分のせいで弟を死なせてしまったと、自責の念をクライエントに吐露しつつも、うろたえる両親に代わって、親族への連絡、葬式の段取りを自分が中心になって進めた。クライエントには次男の自殺はまったく予測できなかったので、次男の部屋を整理しながら、なぜ死んだのかと次男に語りかけた。友だちに次男の生前の話を聞きたいと思い、友人の住所録を探すが、小学、中学、高校、大学のいずれも見当たらない。死ぬ前に彼がすべて整理したらしい。どんなに小さな情報でもいいからかき集めたいと思って大学のゼミ担当の先生に会った。驚いたことに彼は弁論部に所属し、役員を引き受け、とても熱心に活動していたらしい。全国弁論大会にも積極的に参加し、熱っぽく国際政治を論じていたという。想像もつかない次男の一面であった。

クライエントが帰宅して仏間でぼおっとしていると、A子が、自分が弟を殺したと自らを責めて泣きわめき、謝り、耐え切れず仏間で二度目の自殺未遂をする。幸いすぐに母が止めたので大事に至らなかったが、クライエントはA子の危機と問題の深さに気づいて、仕事を辞め、A子の回復とケアに専念する決心をした。A子はクライエントに見守られて昏々と眠り続けた。A子の体が回復してきた時、クライエントはA子のペースに合わせて食事を作り、家事をこなす毎日だった。クライエントは、これまであまり家事が好きではなかった。A子の二度目の自殺未遂によって、クライエントはA子のケアができていないことに気づき始めた。クライエントはA子の育て直しを決意し、二人で「籠もりの行」をしている感じであった。このような母親のケアにもかかわらず、A子は、こんなに辛い思いをして生きていかねばならないのは何のためかと問い続けていた。

第五期　喪の仕事と新しい家族の出立（#98〜#109）

葬式と墓をめぐっての打ち合わせで、家族が初めて同じテーブルについたのは、なんとも皮肉なことだとクライエントは述懐している。父としてはりっぱな墓にすることが彼にしてやれるせめてもの償いであると家族に告げる。クライエントは、次男の生きた意味を家族で分かち合いたいと思うが、このような形で美化してしまう夫には逆らえず、辛い気持ちを飲み込んでしまう。A子はそのようなクライエントを激しく責めるが、暖簾に腕おしの状況は変わらず、かといって自己主張もできない自分を責め、仏壇の前で泣く日が続く。彼ではなく、自分が死ぬべきであったと慟哭する

A子をクライエントは必死に受け止めるが、数日後にA子は風呂場でリストカットをし、亡くなった。

クライエントは放心状態で、夫は仕事ができなくなってしまったが、長男が家を出て一人で生活する決意をしたのをきっかけに、退職して墓を守り、供養をすることがこれからの自分たちの生きがいであるとの共通認識ができたのであった。

4　考察――家族を支えるもの

人間は自己の存在の意義を感じないと生きてはいけない。存在の心理的意義は、前に述べたように、初期の母（親）との人間関係で作られる。この家には、クライエントの代、あるいはもっと前の代にまでさかのぼれるかもしれないが、心理的な基底が希薄だった。心理的存在意義が希薄な者は、社会的な存在意義を見出さざるを得ない。長男は、父親の踏襲する日本的「イエ」主義によって、どうにかその存在意義を感じていた。父親は一家の経済を支えている、会社からも有能な人材として認められていた。父親は営業マンとして一位か二位の業績をあげており、早くして部長に昇進した人である。ただ、国立大学を出ていないために重役になれないのではないかとの不安をもっていた。クライエントはパートで働いていたが、仲間内ではいい人で通っていた。自分の家の事情より仲間の事情を優先し、仕事の担当を快く代わってやったりしていた。また「働かざる者食うべからず」「専業主婦はごくつぶし」との心情を夫がもっていたので、働かざるを得ない事情もあった。

　この家で存在感のないのが次男とA子であった。A子の反抗や初回の自殺企図、次男の不登校や母親の代理としての家事などは、まったくと言っていいほど家族の注目を集めなかったのである。心の繋がりが希薄な両親にとって、子どもの社会的な活動は評価できても、子どもの内的世界を理解することはできなかったのである。このことは、自殺した二人の子どもたちにも言えるかもしれない。次男もA子も遺書を残していない。次男は社会的活動の痕跡すら自ら消し去って死んでいった。一枚のメモがある意味で彼の遺書とも読みとれる。このメモ書きには、戦いではなく、お互いに自己主張することによって理解しあい、関係をよくする道をとることを主張していた。彼自身はそれができずにメモを置いて旅立ったのだが。

　弟の満中陰を待ったかのようにA子が自殺したことは、両親だけではなくセラピストにも大きな衝撃を与えた。A子の二度目の自殺が未遂で終わり、クライエントがA子に母性的なケアをするようになってきた時だったので、その衝撃はいっそう強かった。セラピスト自身がある期間うつになったほどであった。この事例はセラピストが関わった多くの事例の中で、家族が自殺した唯一の事例である。セラピストは、母親のセラピー担当者であった。次男は大学の学生相談室、A子は最初に受診した精神科の医師と、時々自殺未遂で入院した病院の医師とのかかわりをもっていた。そのためもあってか、この「イエ」のマイナスのコンステレーションのため、弟の存在もA子の存在もどこかで希薄になっていた感じがあり、セラピストは今でも悔やんでいる。

　クライエントの三人の子どものうち、二人までが自殺することは、クライエント夫婦の人生の失望と苦労がいかに大きかったかを物語っている。親は自分のほうが何がしかの忍耐や損失、痛い思いをして、子どもの成長を助けてやらねばならない。そういう自己犠牲的なことをしないで子育てをすると、表面的にはうまくいったように見えても、後で大きな犠牲を払わざるを得なくなったり、痛い思いをしなければならなくなるのである。

この事例は、A子の母が「母」となり、家族に「母なるもの」が存在していくプロセスであった。A子と次男に対して、両親は親機能を十分発揮できないままに、死に至らしめてしまった。ある意味で、A子と弟が死をもって両親に親機能を発揮させたと言えるかもしれない。セラピストの母機能がこの家族全員を生かすだけの「器」ではなかったことを教えられるとともに、何代にも及ぶ家の問題と現代社会の問題の深さを重く受け止めた事例であった。そして「誰も死なさずに治すことは難しい」(河合隼雄)を、身をもって味わった事例でもあった。

あとがき

京都大学四回生のときに河合隼雄先生の授業に出て臨床心理学と心理療法の世界に身をおくことを決意して以来、はや四〇年がたちました。その間、臨床心理士として社会の変化を肌で感じてきました。核家族化、長寿社会の出現、情報化といった大きなうねりのなかで豊かな生活が得られた一方で、人間関係の断絶、心の問題が深刻になってきました。児童虐待や少女買売春などはアメリカのことであって、母性社会日本で子どもや家族の問題がこれほど頻繁に起こるとは考えられませんでした。そのうえ、不登校、引きこもり、ニートなど若者の心の問題は、ますます深刻化する傾向にあり、日本文化の荒廃を感じざるを得ません。

迷いながらその時々の視点で『母をなくした日本人』『父をなくした日本人』などを上梓してまいりましたが、このたび長年論考してきたことを博士論文としてまとめることができ、平成一六年に京都大学教育学博士の学位を取得しました。本書はその博士論文を基本としたものです。たくさんのかたがたのおかげによって、このようなかたちで出版できました。

初めての留学で指導をいただいたカール・ロジャース先生、現在に至るまで、生きる指針を与え続けてくださっている河合隼雄先生に心より感謝をいたします。

論文作成をご指導いただいた主査の京都大学教授岡田康伸先生、副査の教授京都大学教授藤原勝紀先生、京都大学教授山中康裕先生に感謝をいたします。

私と出会い、セラピーのプロセスをともに歩み、多くのことを教えてくださったクライエントのみなさんに感謝いたします。

また、本書を出版することができましたのは、ひとえに創元社の社長矢部敬一さん、そして編集部の渡辺明美さんの暖かい励ましと、さまざまな労をいとわず尽くしてくださったことによっています。

本書がカウンセラーをはじめ、読者のみさまに何らかのお役に立てば、著者として望外の喜びです。

平成一八年三月吉日

東山弘子

文献

(1) アッカーマン、N・W（一九七〇）『家族関係の病理と治療』（小此木啓吾・石原潔訳）岩崎学術出版社
(2) 有地亨・老川寛編（一九九二）『離婚の比較社会史』三省堂
(3) 飯田真他編（一九八三）『岩波講座　精神の科学　第七巻――家族』岩波書店
(4) 石川栄吉・峰岸純夫・三木妙子編（一九八九）『家と女性』三省堂
(5) 伊藤嘉昭（一九八二）『社会生態学入門』東京大学出版会
(6) 岩井寛（一九八四）『〈立場〉の狂いと世代の病』春秋社
(7) ウィニコット、D・W（一九七七）『情緒発達の精神分析理論』（牛島定信訳）岩崎学術出版社
(8) ウィルマー、H・A（一九九三）『プラクティカル　ユング――ユング派の心理療法を学ぶ』（東山弘子他訳）鳥影社
(9) ウェーア、D・S（二〇〇二）『ユングとフェミニズム――解放の元型』（村本詔司・中村このゆ訳）ミネルヴァ書房
(10) 牛島定信（一九八八）『思春期の対象関係論』金剛出版
(11) ウッドマン、M（一九八七）『女性性の再発見』（桑原知子・山口素子訳）創元社
(12) エリアーデ、M（一九六八）『大地・農耕・女性』（堀一郎訳）未来社
(13) エリクソン、E・H（一九七三）「健康なパーソナリティの成長と危機」『自我同一性』（小此木啓吾訳）誠信書房
(14) エリクソン、E・H（一九七三）『アイデンティティ』（岩瀬庸理訳）金沢文庫

(15) 大日向雅美（二〇〇〇）『母性愛神話の罠』日本評論社
(16) 岡田康伸編（一九八七）『子どもの成長と父親』朱鷺書房
(17) 岡堂哲雄他編（一九七八）『家族心理学』有斐閣
(18) 岡堂哲雄他編（一九九〇）『家族と社会』（臨床心理学大系四）金子書房
(19) 小川捷之他編（一九九〇）『ライフサイクル』（臨床心理学大系三）金子書房
(20) 小此木啓吾（一九七三）『フロイト——その自我の軌跡』日本放送出版協会
(21) 小此木啓吾（一九八三）『家庭のない家族の時代』ABC出版
(22) 小此木啓吾（一九八四）『家族心理学のすすめ』小学館
(23) 小此木啓吾（一九九一）『エディプスと阿闍世』青土社
(24) 小此木啓吾（一九九九）『精神分析のおはなし』創元社
(25) カッシーラー、E（一九五三）『人間』（宮城音弥訳）岩波書店
(26) 加藤正明他編・藤縄昭・小此木啓吾編（一九八二）『講座家族精神医学』全四巻、弘文堂
(27) カーニッツ、H・L（一九八一）『父親——その新しい役割』（小川新一訳）講談社
(28) 河合隼雄（一九六七）『ユング心理学入門』培風館
(29) 河合隼雄（一九七六）『母性社会日本の病理』中央公論社
(30) 河合隼雄他著（一九七七）『母なるもの』二玄社
(31) 河合隼雄（一九八〇）『家族関係を考える』講談社
(32) 河合隼雄（一九八二）『昔話と日本人の心』岩波書店
(33) 河合隼雄（一九九二）『心理療法序説』岩波書店
(34) 河合隼雄（一九九四）『流動する家族関係』岩波書店
(35) 河合隼雄・東山紘久編（一九九八）『家族と福祉領域の心理臨床』金子書房

(36) 河合隼雄編集（二〇〇一）『心理療法と現代社会』岩波書店
(37) カーンバーグ、O（一九八三）『対象関係論とその臨床』（前田重治監訳）岩崎学術出版社
(38) 菊池武剋・大淵憲一（一九八三）『子どもの暴力と登校拒否』ぎょうせい
(39) グッゲンビュール＝クレイグ（一九八二）『結婚の深層』（樋口和彦・武田憲道訳）創元社
(40) クライン、M（一九七五）『羨望と感謝』（松本善男訳）みすず書房
(41) 小嶋秀夫・大日向雅美（一九九〇）『こころの科学三〇号　特別企画＝母性』日本評論社
(42) 斎藤学（一九九五）『「家族」という名の孤独』講談社
(43) 佐々木孝次（一九八二）『父親とは何か』講談社
(44) 佐々木時雄（一九八一）『ナルシシズムと日本人』弘文堂
(45) 佐々木譲・石附敦（一九九九）『「非行」が語る親子関係』岩波書店
(46) サリヴァン、H・S（一九七六）『現代精神医学の概念』（中井久夫他訳）みすず書房
(47) サリヴァン、H・S（一九九〇）『精神医学は対人関係論である』（中井久夫他訳）みすず書房
(48) 清水將之（一九七九）『家庭内暴力』朱鷺書房
(49) 下坂幸三（一九九八）「青年期の心的障害者に対する親と治療者との共同治療」霜山徳爾監修　鍋田恭孝編『母と子・思春期・家族――子どもの心を理解するために』金剛出版
(50) シュヴィング（一九六六）『精神病者の魂への道』（小川信男・船渡川佐知子訳）みすず書房
(51) シュマールオア、E（一九七五）『子にとって母とは何か――サルとヒトとの比較心理学』（西谷謙堂監訳）慶応通信
(52) シュライバー、F・R（一九七八）『失われた私』（巻正平訳）ハヤカワ文庫
(53) スィーガル、H（一九七七）『メラニー・クライン入門』（岩崎徹也訳）岩崎学術出版社
(54) Stanford, B.（1974）“On Being Female” A Washington Square Press Book

(55) 須藤健一（一九八九）『母系社会の構造』紀伊國屋書店
(56) スピッツ、R・A（一九六五）『母―子関係の成りたち』（古賀行義訳）同文書院
(57) 芹沢俊介（一九九四）『平成〈家族〉問題集』春秋社
(58) Downing, C. (1981) "The Goddess: Mythological Images of the Feminine" New York : Crossroad
(59) ダウリング、C（一九八五）『シンデレラ・コンプレックス』（柳瀬尚紀訳）三笠書房
(60) 高群逸枝（一九六三）『日本婚姻史』至文堂
(61) チェンバレン、D（一九九一）『誕生を記憶する子どもたち』（片山陽子訳）春秋社
(62) デメトラコポウロス、S（一九八七）『からだの声に耳にすますと』（横山貞子訳）思想の科学社
(63) ドイッチェ、H（一九六四）『若い女性の心理』（懸田克躬他訳）日本教文社
(64) 中根千枝（一九七〇）『家族の構造』東京大学出版会
(65) 西澤哲（一九九四）『子どもの虐待』誠信書房
(66) 日本家族心理学会編（一九八六）『ライフサイクルと家族の危機』金子書房
(67) ノイマン、E（一九七三）『アモールとプシケ』（玉谷直實他訳）紀伊國屋書店
(68) ノイマン、E（一九八〇）『女性の深層』（松代洋一他訳）紀伊國屋書店
(69) 野田愛子編（一九八〇）『離婚を考える――自立する女性の生き方』有斐閣
(70) 野々山久也編（一九九二）『家族福祉の視点』ミネルヴァ書房
(71) ハーシュ、M（一九九二）『母と娘の物語』（寺沢みずほ訳）紀伊國屋書店
(72) バソフ、I・S（一九九六）『娘が母を拒むとき』（村本邦子・山口知子訳）創元社
(73) バソフ、I・S（一九九六）『母は娘がわからない』（村本邦子・山口知子訳）創元社
(74) バダンテール、E（一九九一）『母性という神話』（鈴木晶訳）筑摩書房
(75) ハーディング、M・E（一九八五）『女性の神秘』（樋口和彦他訳）創元社

(76) 馬場謙一・福島章・小川捷之・山中康裕編（一九八四）『父親の深層』有斐閣
(77) 原ひろこ・阿部謹也他（一九九一）『家族――自立と転生』叢書〈産む・育てる・考える―匿名の教育史〉2 藤原書店
(78) 東山弘子（一九八三）「いなかのネズミと都会のネズミ――ある頻尿女児の症例」滋賀女子短期大学紀要
(79) 東山弘子（一九八四）「女性の社会参加」滋賀女子短期大学研究紀要、一四五～一六〇頁
(80) 東山弘子（一九八六）「中年女性の同一性の危機と再体制化」滋賀女子短期大学研究紀要、一〇一～一〇九頁
(81) 東山弘子他編（一九九〇）『現代青年心理学――男の立場と女の状況』培風館
(82) 東山弘子（一九九二）「中年女性にとっての子離れ」氏原寛・東山紘久・川上範夫編『中年期のこころ――その心理的危機を考える』培風館
(83) 東山弘子・渡邉寛（一九九三）『「母」をなくした日本人』春秋社
(84) 東山弘子・渡邉寛（一九九五）『「父」をなくした日本人』春秋社
(85) 東山弘子（一九九八）「家庭内暴力――家族全体にかかわった事例」（河合隼雄他編『家族と福祉領域の心理臨床』）金子書房
(86) 東山弘子（二〇〇二）「専門性と機動性を活かしたスクールカウンセリングの可能性」佛教大学臨床心理学研究紀要、第六・七号、三八～四五頁
(87) 東山弘子（二〇〇二）『文化の差異と父性』日本家族心理学会年報
(88) 東山紘久・東山弘子（一九九二）『子育て』創元社
(89) 東山紘久（二〇〇二）『心理療法と臨床心理行為』創元社
(90) ピンカス、L他著（一九八三）『家族の秘密』（日比裕泰訳）ナカニシヤ出版
(91) 布施晶子・玉水俊哲・庄子洋子編（一九九二）『現代家族のルネサンス』青木書店
(92) Bradway, K.（1981）"Sandplay Studies" C. G. Jung Institute of San Francisco

(93) フランツ、M（一九九六）『夢の道』（氏原寛監訳）培風館
(94) フリエル、J　フリエル、L（一九九九）『アダルトチルドレンの心理』（杉村省吾、杉村栄子訳）ミネルヴァ書房
(95) フロイド、S（一九五四）『自我論』（井村恒郎訳）日本教文社
(96) ベンソン、L（一九七三）『父親の社会学』（篠原元昭訳）協同出版
(97) ボウルビィ、J（一九七六）『母子関係の理論』（黒田実郎訳）岩崎学術出版社
(98) Bowlby, J. (1996) "Maternal Care and Mental Health & Deprivation of Maternal Care" Schocken Books
(99) 堀ノ内敏他編（一九七六）『危機と人間行動』福村出版
(100) 松沢哲郎（二〇〇一）『おかあさんになったアイ』講談社
(101) 松原治郎（一九六九）『核家族時代』日本放送出版協会
(102) マンクォイッツ、A（一九八六）『更年期と個性化――夢分析を通して』（渥美桂子他訳）創元社
(103) ミッチェル、G（一九八三）『男と女の性差――サルと人間の比較』（鎮目恭夫訳）紀伊國屋書店
(104) ミッチャーリヒ、A（一九七二）『父親なき社会』（小見山実訳）新泉社
(105) ミッチャーリヒ、M（一九八九）『女性と攻撃性』（杉村園子他訳）思索社
(106) ミニューチン、S（一九八四）『家族と家族療法』（山根常男監訳）誠信書房
(107) 宮本忠雄編（一九七四）『診断・日本人』日本評論社
(108) メラメド、E（一九八六）『白雪姫コンプレックス』（片岡しのぶ訳）晶文社
(109) 森岡清美編（一九六七）『家族社会学』有斐閣
(110) 森岡清美（一九七三）『家族周期論』培風館
(111) 森武夫・郷古英男編（一九八二）『日本型・少年非行』創元社
(112) 矢野裕俊・埋橋孝文・矢野隆子・埋橋玲子（一九九〇）『教育・仕事・家族』啓文社
(113) 山中康裕・馬場謙一・福島章・小川捷之編（一九八四）『母親の深層』有斐閣

(114) 山根常男編（一九八二）『家族の社会学と精神分析』誠信書房
(115) 山村賢明（一九七一）『日本人と母』東洋館出版社
(116) 油井邦雄編（一九九五）『女性性の病理と変容』新興医学出版社
(117) 湯沢雍彦・稲子宣子・菊池幸子・松浦千誉・三木妙子・我妻洋（一九七九）『世界の離婚——その風土と動向』有斐閣
(118) ユング、C・G（一九七〇）「心と大地」（ユング著作集二、林道義訳）日本教文社
(119) ユング、C・G（一九八二）『元型論』（林道義訳）紀伊國屋書店
(120) 横山浩司（一九八六）『子育ての社会史』勁草書房
(121) 横山博（一九九五）『神話のなかの女たち』人文書院
(122) 吉川悟（一九九三）『家族療法』ミネルヴァ書房
(123) 吉本隆明（一九九三）『時代の病理』春秋社
(124) 米倉明（一九八二）『アメリカの家族』有斐閣
(125) ラカン、J（一九八六）『家族複合』（宮本忠雄・関忠盛訳、原著一九三八）哲学書房
(126) ラム、M・E（一九八一）『父親の役割』（久米稔他訳）家政教育社
(127) リッツ（一九六八）『家族と人間の順応』（鈴木浩二訳）岩崎学術出版社
(128) リヒター、H（一九七六）『病める家族』（鈴木謙三訳）佑学社
(129) リン、D・B（一九八一）『父親——その役割と子どもの発達』（今泉信人他訳）北大路書房
(130) ルイス、J・M他（一九七九）『織りなす綾——家族システムの健康と病理』（本多裕・國谷誠朗他訳）国際医書出版
(131) Ruth, S. (1990) "Issues in Feminism" Mayfield Publishing Company
(132) レビンソン、D（一九八〇）『人生の四季』（南博訳）講談社

(133) レンボイツ、J（一九八二）『家族内暴力』（山口哲生他訳）星和書店
(134) ロジャーズ、C・R（一九八二）『結婚革命——パートナーになること』（村山正治・村山尚子訳）サイマル出版会
(135) ロジャース、N（一九八八）『啓かれゆく女性』（柘植明子監修）創元社

著者略歴……………………………………………
東山弘子（ひがしやま　ひろこ）
1967年　京都大学教育学部卒業
1972年　京都大学大学院教育学研究科博士課程修了
現　在　佛教大学教授、京都大学博士（教育学）、臨床心理士
著　書　『母をなくした日本人』『父をなくした日本人』（共著、春秋社）『子育て』（共著、創元社）など。

母性《ぼせい》の喪失《そうしつ》と再生《さいせい》
事例にみる「母」としての愛と葛藤

2006年4月20日第1版第1刷　発行
2008年4月10日第1版第2刷　発行

著　者……………………………………………
東　山　弘　子
発行者……………………………………………
矢　部　敬　一
発行所……………………………………………
株式会社 創元社
http://www.sogensha.co.jp/
本社　〒541-0047 大阪市中央区淡路町4-3-6
Tel.06-6231-9010 Fax.06-6233-3111
東京支店　〒162-0825 東京都新宿区神楽坂4-3 煉瓦塔ビル
Tel.03-3269-1051
装　丁……………………………………………
濱崎実幸
印刷所……………………………………………
株式会社 太洋社

 ISBN978-4-422-11350-0